国家外经贸政策资金申报指南

主　编　谢　彪
副主编　沙　非

中国财政经济出版社

图书在版编目（CIP）数据

国家外经贸政策资金申报指南/谢彪主编.—北京：中国财政经济出版社，2011.12

ISBN 978-7-5095-3253-9

Ⅰ.①国… Ⅱ.①谢… Ⅲ.①国家资金：专项资金-资金管理-中国-指南 Ⅳ.①F832.21-62

中国版本图书馆CIP数据核字(2011)第238170号

责任编辑：付克华　　　　责任校对：张　凡

封面设计：孙俪铭

中国财政经济出版社出版

URL：http：//www.cfeph.cn

E-mail：cfeph@cfeph.cn

社址：北京市海淀区阜成路甲28号　邮政编码：100142

营销中心电话：88190406　北京财经书店电话：64033436　84041336

三河市金元印装有限公司印刷　各地新华书店经销

787×1092毫米　16开　8.5印张　150 000字

2011年12月第1版　2011年12月河北第1次印刷

定价：28.00元

ISBN 978-7-5095-3253-9/F·2753

（图书出现印装问题，本社负责调换）

本社质量投诉电话：010-88190744

前　言

为促进我国外经贸事业的快速发展，鼓励企业“走出去”，国家针对不同时期外经贸政策的导向，相继出台了一系列政策支持资金文件，引导企业适应市场变化，及时调整结构，创新发展。许多企业得益于这些政策资金的支持，抓住了机遇，从小到大，由弱到强，快速走向国际市场。为了能让更多的企业了解这些政策，受惠于这些政策，根据外经贸工作的普遍需求，结合这几年具体申报工作的体会，我们整理编辑出版了这部著作。

本书共收编了16个政策性支持资金，全部源自中央财政。主要包括对外工程承包和经济合作、进出口贸易以及综合服务三个方面。在资金支持内容上，既有市场开发前期费，如考察费、咨询费、认证费、参展费、翻译费等，也有项目实施过程中的贴息费、“走出去”人员人身意外伤害保险以及突发事件处置费等，还有为保障外经贸业务开展的培训、研究等基础服务性费用。应该说，支持资金范围涉及外经贸业务的方方面面，可以满足不同领域、不同阶段和不同层次的业务需求。

本书收编的政策支持资金相关信息全部源自商务部、财政部等有关部门公开的网络资讯。有的政策支持资金是由商务部、财政部等有关部门制定使用原则和方向，由各省、自治区、直辖市人民政府有关部门制定具体管理办法或实施细则。如保持外贸稳定增长资金、品牌发展资金等。这些资金视各地具体情况，在组织实施等具体细节上略有不同。为了便于读者掌握具体操作规程，每项资金我们选择了一个地方的相关规定供大家参考。由于不同年度各种资金支持的重点、方向不同，所以在资料选用上，编者尽量以最新年度发布的资讯为准，力求提供的资料更接近申报时的实际。

需要说明的是，随着外经贸工作重心的调整，政策支持资金每年也会发生变化，有的资金会相应合并，有的资金在支持方向和重点上会作相应调整，甚至在管理模式上也有可能改变。所以本书的作用更多的可能是给大家一个概念，一个启发，要想真正申报这些资金，还要以资金归口管理部门每年发布的申报具体要求为准。

编者

2011 年于北京

目　录

对外经济技术合作专项资金

一、政策依据

《财政部、商务部关于印发〈对外经济技术合作专项资金管理办法〉的通知》（财企［2005］255号）（以下简称《办法》）；

《财政部、商务部关于做好2011年对外经济技术合作专项资金申报工作的通知》（财企［2011］767号）。

二、支持内容和标准

（一）直接补助

1. 前期费用。前期费用是指我国企业为从事境外投资（不包括国内企业之间转让既有境外投资权益）、境外农、林、渔、矿业合作，在项目所在国注册（登记）、购买资源权证之前，或对外承包工程签订合同（协议）之前，为获得项目而发生的相关费用。具体包括以下内容：

（1）法律、技术及商务咨询费。指委托具有相应资格的专业机构为项目提供法律、技术、商务和投融资咨询服务所发生的支出。

（2）勘测、调查费。

- 项目勘察费（不包括油气、矿产资源勘探费）、论证费和规划费。
- 渔业资源探捕费：购买探捕仪器设备费、代理费、船舶注册费。

（3）项目可行性研究报告、安全评估报告编制费。指委托具有相应资格的专业机构编制项目建议书、预可研报告、可行性研究报告和项目安全评估报告所发生的支出。

(4) 购买规范性文件和标书等资料费。购买项目（资源）勘察许可证、捕捞许可证、标书、技术资料、软件等所发生的支出。

(5) 规范性文件和标书等资料翻译费。指委托专业机构或人员翻译规范性文件和标书等资料所发生的支出。

【支持标准】 专项资金对不超过项目中方投资额或合同额15%的前期费用给予支持，且支持比例不超过可享受支持的前期费用的50%，一个项目只能享受一次支持。

2. 资源回运运保费。我国企业开展境外资源开发，将其所获权益产量以内的农业（包括大豆、玉米、小麦、天然橡胶、棕榈油、棉花、木薯）、林业（原木、锯材、板材）、渔业等合作产品运回国内，对从境外起运地至国内口岸间的运保费，按不超过企业实际支付费用的20%给予补助。计算运保费的资源产品进口数量以海关统计数据为准。

企业实施对外承包工程项目换回的，不超过与外方签署的开发投资合作协议合同总金额的资源产品（具体类别和支持比例比照境外农、林、渔合作项目执行）。

3. “走出去”人员人身意外伤害保险。对在境外开展对外经济技术合作业务的企业为其在外工作的中方人员，向保险机构投保的人身意外伤害保险费用予以补助，每人最高保险金额不超过50万元人民币，支持比例不超过实际保费支出的50%。

4. 境外突发事件处置费用。境外突发事件指从事对外经济技术合作业务的企业派出的人员因恐怖、战争、自然灾害等不可抗力因素造成的人身安全受到威胁、发生伤亡等紧急事件。相关处置费用包括企业赴境外处理突发事件工作人员的护照、签证、国际旅费和临时出国费用，补助标准参照《财政部、外交部关于印发〈临时出国人员费用开支标准的管理办法〉的通知》（财行［2001］73号）执行。

5. 境外研发中心专利注册费用。对我国企业境外研发中心的国外专利注册费用予以补助，支持比例不超过实际注册费用的50%。

6. 外派劳务人员的适应性培训费用。对开展对外劳务人员适应性培训的企业，根据实际培训并派出人数，每人补助不高于500元。

（二）贷款贴息

对我国企业因从事境外投资，境外农、林、渔、矿业合作，对外承包工程，对外设计咨询项目而从境内银行取得，用于项目经营的一年以上（含一年）的贷款给予贴息。

人民币贷款贴息率不超过中国人民银行公布执行的基准利率，实际利率低于基准利率的，不超过实际利率；外币贷款年贴息率不超过3%，实际利率低于3%的，不超过实际利率。

三、申报条件

（一）申请企业必须具备的条件

1. 在中华人民共和国境内依法登记注册，具有独立法人资格。

2. 已取得国家有关部门批准（核准或备案）开展对外经济技术合作业务资格的批准文件。

3. 近五年来无违法违规经营行为。

4. 按照《对外直接投资统计制度》（商合发［2008］529号）、《对外承包工程业务统计制度》、《对外劳务合作和境外就业业务统计制度》（商合发［2008］511号）、《商务部、外交部关于印发〈对外投资合作企业在外人员相关信息备案制度〉的通知》（商合发［2010］419号）和《商务部关于启用外派劳务人员基本信息数据库的通知》（商合发［2007］36号）规定，向对外经济技术合作业务主管部门报送所开展业务的统计资料并填报相关信息。

（二）申请项目必须具备的条件

1. 经国家有关部门批准、登记或备案。

2. 在项目所在国依法注册、登记或备案，项目依法生效。

3. 项目金额标准：

（1）对外承包工程项目合同金额不低于500万美元（或等值货币），且单笔贷款金额不低于300万元人民币（或等值货币）。

（2）境外投资及境外林、渔、矿项目中方投资额不低于100万美元（或等值货币），且单笔贷款金额不低于300万元人民币（或等值货币）。

（3）境外农业合作、境外研发中心中方投资额、对外设计咨询项目合同金额不低于50万美元（或等值货币），且单笔贷款金额不低于150万元人民币（或等值货币）。

（4）对外设计咨询项目的合同金额不低于50万美元（或等值货币）。

4. 项目适用时间：

（1）申请前期费用的项目，新设类项目的境外注册（登记）时间，并购类项目和对外承包工程项目的合同生效时间，对外设计咨询项目的合同（协议）签订时间，境外农、林、渔、矿业合作项目的境外注册、协议（合同）签订、取得资源权证、捕鱼许可证或租赁土地时间在申报年度1月1日至12月31日期间。

（2）申请贷款贴息的项目，其项目合同和贷款合同在申报年度1月1日至12月31日期间正在执行，并在此期间支付贷款利息。

（3）申请资源回运费用补助和“走出去”人员人身意外伤害保险补助的项目，其项目合同（协议）在2010年1月1日至2010年12月31日期间正在执行，并在此期间内运回权益内的资源产品（以海关报关单为准）。

（4）申请境外突发事件处置费用补助的项目，项目合同（协议）在申报年度1月1日至12月31日期间正在执行，并且突发事件在申报年度1月1日至12月31日期间发生。

（5）申请外派劳务人员培训直接补助的项目，在2010年1月1日至2010年12月31日期间实际派出劳务人员。

四、申报材料

1. 申报材料和要求见附件1和附件2。

2. 申报材料格式和附表见附件2至附件11。

五、申报程序

1. 企业按照申报材料要求向各地省级财政和商务部门提交申请。

2. 各地省级财政和商务部门应按照《办法》和年度通知规定，对地方企业的申请材料进行认真审核，并于规定时间前将符合条件的项目申请资料联合报送财政部、商务部（投资促进局）。

3. 中央企业通过其集团（总）公司汇总申请材料，并于规定时间前报送财政部、商务部（投资促进局）。

4. 财政部、商务部委托中介机构对企业报送的材料进行审核后，确定支持项目及金额。

5. 中央企业由财政部根据国库管理制度将资金拨付到企业；地方企业由财政部按照预算管理级次先将资金拨付地方财政部门，再拨付到企业。

六、说明事项

1. 资金申请报告须一式两份分别报送财政部和商务部（投资促进局），其余材料一式一份报送商务部（投资促进局）。

2. 同一企业当年获得的对外经济技术合作专项资金累计补助额不得超过3000万元人民币。隶属于同一最终控制方的企业均按同一企业核算。

3. 申报年度已获得相同性质的其他中央财政专项资金支持的项目，不得申请本年度对外经济技术合作专项资金支持。

附件1

申报材料和要求

序号	资料类型	资料名称	申报补贴类型													备注
			投资前期	农、林、渔、矿前期	承包前期	咨询前期	资源回运	劳务培训	人员保险	突发事件	境外研发专利费	投资贴息	农、林、渔、矿贴息	承包贴息	咨询贴息	
			1	2	3	4	5	6	7	8	9	10	11	12	13	
1	基本资料	对外经济技术合作专项资金申请报告	√	√	√	√	√	√	√	√	√	√	√	√	√	申报金额以人民币元为单位，注意申请报告中的数据与其他相关资料的对应关系。
2	基本资料	企业申报说明（附件3）及企业申报项目明细表（附件4）	√	√	√	√	√	√	√	√	√	√	√	√	√	各项折美元金额必须填列。注意申报说明填制的完整性（包括日期、签字、盖章等内容）。属重点支持的项目，应将相关证明资料单独附在企业申报项目明细表（附件4）后。
3	基本资料	最终控制方证明材料（附件5）	√	√	√	√	√	√	√	√	√	√	√	√	√	只要求地方企业提供。
4	基本资料	申请企业年度审计报告	√	√	√	√	√	√	√	√	√	√	√	√	√	包括审计报告、资产负债表、利润及利润分配表、现金流量表及会计报表附注。投资类补贴项目（含投资前期、投资贴息、人员保险）须上报，其余项目均留存地方商务厅或中央企业集团备查。
5	基本资料	国家批准（核准或备案）申请企业开展对外经济技术合作业务的文件	√	√	√	√	√	√	√	√	√	√	√	√	√	投资项目要求提供《境外企业批准证书》；承包工程及对外设计咨询项目要求提供《对外承包工程经营资格证书》和《对外承包投（议）标许可》；外派劳务项目提供《对外劳务合作经营资格证书》。此外，矿产资源类投资合作项目须提供境外资源合作备案文件，中俄森林资源合作项目须提供中俄森林资源开发合

续表

序号	资料类型	资料名称	申报补贴类型													备注
			投资前期	农、林、渔、矿前期	承包前期	咨询前期	资源回运	劳务培训	人员保险	突发事件	境外研发专利费	投资贴息	农、林、渔、矿贴息	承包贴息	咨询贴息	
			1	2	3	4	5	6	7	8	9	10	11	12	13	
5	基本资料	国家批准（核准或备案）申请企业开展对外经济技术合作业务的文件	√	√	√	√	√	√	√	√	√	√	√	√	√	作备案文件，远洋渔业项目须提供农业部项目批件。除投资类项目（含投资前期、投资贴息、人员保险）必须上报《境外企业投资批准证书》、渔业类项目（渔业前期、渔业贴息、资源回运）必须上报农业部项目批件外，其余项目相关资料由地方商务厅或中央企业集团审查后，留在地方商务厅或中央企业集团备查。
6	综合类	驻外使（领）馆经商参赞处（室）意见附件6	√	√	√	√	√	√	√	√	√	√	√	√	√	公海捕鱼项目不需提供。对外劳务合作企业仅在以下情况须提供：(1) 首次进入某一市场；(2) 向同一项目派出人员超过50人；(3) 向服务性行业派出女性等。意见应有参赞签字和经商处盖章。
7	综合类	合作项目合同副本的商务部分（包括签约方、合同金额、委托目的、合同有效期、、签约时间、生效时间、签字页及使用中国技术标准的条款等）	√	√	√	√	√	√	√	√	√	√	√	√	√	原则上各类项目均须提供项目合同（在境外设立独资企业的，提供独资企业章程）。对外承包工程如果以联合体形式进行承包，须提供联合体协议，协议中必须注明申报单位所占份额或比例，需提供联合方（非申报单位）出具的申报单位所占份额或比例的证明；并购类项目须提供并购已完成的法律文件；外派劳务项目须提供境外雇主与外派劳务人员签署的合同。

续表

序号	资料类型	资料名称	申报补贴类型													备注
			投资前期	农、林、渔、矿前期	承包前期	咨询前期	资源回运	劳务培训	人员保险	突发事件	境外研发专利费	投资贴息	农、林、渔、矿贴息	承包贴息	咨询贴息	
			1	2	3	4	5	6	7	8	9	10	11	12	13	
8	综合类	境外企业注册文件复印件	√	√			√		√	√	√	√	√			原则上各类项目均须提供境外投资批准证书及境外机构注册文件，对于无须以注册公司形式开展的经济合作业务，申请企业须提供协议、合同及有关说明材料。公海捕鱼项目不需提供境外企业注册文件。
9	综合类	外汇汇出核准文件	√	√			√				√	√	√			原则上均须提供《境外投资购付汇备案》或外汇业务核准文件，应加盖办理银行业务章或外汇管理部门业务章。对于以设备等实物投资的，申请企业须提供海关报关单复印件。申请企业以劳务合作方式换取资源的，可不提供外汇汇出核准文件。
10	综合类	资金汇出证明或海关报关单	√	√			√				√	√	√			资金汇出证明包括汇款申请书及外汇兑换水单，汇款申请书上收款单位及开户行等项目是外文的，应进行中文标注。采用在当地或第三国融资、企业内部从第三国调动资金等方式的，可不提供外汇核准文件和资金汇出证明，但须提供外汇管理局对申请企业境外投资资金来源的批复文件。派出渔船捕鱼的不需要提供。对于以设备等实物投资的，申请企业须提供海关报关单复印件。申请企业以租赁方式开展对外经济技术合作的，须提供支付租赁费用的资金汇出证明。

续表

序号	资料类型	资料名称	申报补贴类型													备注
			投资前期	农、林、渔、矿前期	承包前期	咨询前期	资源回运	劳务培训	人员保险	突发事件	境外研发专利费	投资贴息	农、林、渔、矿贴息	承包贴息	咨询贴息	
			1	2	3	4	5	6	7	8	9	10	11	12	13	
11	综合类	国内企业对实施最终投资的公司占控股地位的证明，用于投资的外汇资金经国内主管部门核准并有清晰流向的证明	√	√			√					√	√			由国内企业实施的境外多（层）级投资项目须提供：（1）证明相关股权关系的法律资料及说明；（2）中国企业境外投资批准证书（第一层级提供）；（3）中国国内企业投资境外企业的外汇核准文件及资金汇出证明（第一层级提供）；（4）证明相关投资关系的各层级资金汇出证明（银行单据）；（5）采用在境外融资、企业内部从第三国调动资金等方式的，可不提供外汇核准文件和资金汇出证明，但须提供相关政府管理部门出具的文件或证明。
12	综合类	相关股权证明材料	√	√												签订前期费用及资源回运费用合同主体为国内申请企业全资子公司的，贴息类项目申请企业（签约企业）为贷款企业的全资子公司的，须提供相关股权证明材料，例如：子公司最新的公司章程（须工商部门盖章）或子公司最新的验资报告等。以集团公司名义取得贷款专门用于某项对外经济合作项目，由集团公司下属各级全资子公司负责实施对外经济合作项目的，也须提供各层级公司的相关股权证明材料。
13	直接补助类	申请直接补助项目基本情况及费用支出情况明细表（附件7）	√	√	√	√	√		√	√	√					见附件2档案内容要求中第7条

续表

序号	资料类型	资料名称	申报补贴类型													备注
			投资前期	农、林、渔、矿前期	承包前期	咨询前期	资源回运	劳务培训	人员保险	突发事件	境外研发专利费	投资贴息	农、林、渔、矿贴息	承包贴息	咨询贴息	
			1	2	3	4	5	6	7	8	9	10	11	12	13	
14	直接补助类	费用支出相关凭证：费用支付凭证、费用发票及费用支付合同复印件	√	√	√	√	√		√	√	√					（1）支付凭证要求提供费用支付的银行单据，如果存在转付代付情况，需附各环节银行支付单据及相关说明；（2）各类凭证要编制索引号，并对应填报在明细表中。采用渔货代理销售方式支付入渔许可证费用的，需提供渔货代理销售合同以及渔货销售收入与入渔费用相抵后收入进账证明（银行单据）。
15	直接补助类	农林矿权权属证明											√			（1）在境外成立子公司开展农林矿项目的，应提供子公司获得的农林矿权权属证明；（2）申请企业直接在境外开展农林矿项目的，应提供申请企业获得的农林矿权权属证明；（3）申请企业与境外第三方公司签订合作协议在境外开展农林矿项目的，应提供境外第三方公司的农林矿权权属证明。渔业项目不用提供。上述权属证明应为开展合作项目所在国政府部门颁发。
16	劳务培训、人员保险、突发事件	相关人员护照、签证、工作证及合同复印件、项目审查表						√	√	√						由中央企业集团，省级商务和财政部门审查并归档备查。对外劳务合作人员可提供护照或海员证、对台劳务人员登轮作业证、赴港澳通行证。

续表

序号	资料类型	资料名称	申报补贴类型													备注
			投资前期	农、林、渔、矿前期	承包前期	咨询前期	资源回运	劳务培训	人员保险	突发事件	境外研发专利费	投资贴息	农、林、渔、矿贴息	承包贴息	咨询贴息	
			1	2	3	4	5	6	7	8	9	10	11	12	13	
17	突发事件	驻外使领馆或经商机构、有关政府部门或商（协）会要求处理境外突发事件的书面意见								√						
18	突发事件	驻外经商机构对突发事件及处理情况的说明（需列明赴境外处理突发事件工作人员名单）								√						
19	人员保险、回运类	保险机构出具的保险凭证、发票					√		√							
20	回运类	资源回运费用单据明细表（附件 8－1、8－2、8－3）					√									见附件 2 档案内容要求中第 7 条。
21	回运类	资源产品开发（权益）协议					√									在公海作业的远洋渔业项目可不提供。在第三国近海作业的远洋渔业项目需提供第三国捕捞许可证。
22	回运类	购销合同及商业发票					√									在公海作业及第三国近海作业的远洋渔业项目可不提供。
23	回运类	进口货物报关单					√									
24	回运类	目的地为中国港口、陆路口岸或内地的提单，铁路运输、汽车运输或其他运输合同、凭证以及运费发票					√									签订的运输合同应有价格条款，如果是班轮应提供合同当期的运费报价。提供的运费发票应该有重量。

续表

序号	资料类型	资料名称	申报补贴类型													备注
			投资前期	农、林、渔、矿前期	承包前期	咨询前期	资源回运	劳务培训	人员保险	突发事件	境外研发专利费	投资贴息	农、林、渔、矿贴息	承包贴息	咨询贴息	
			1	2	3	4	5	6	7	8	9	10	11	12	13	
25	回运类	自捕鱼申报单					√									仅限渔业合作项目提供。
26	回运类	船舶登记证书					√									仅限渔业合作项目提供。
27	研发专利	专利批准证书									√					境外研发中心获得的国外专利证书。
28	贴息类	申请贴息项目基本情况及2010年度银行贷款付息一览表（附件9）										√	√	√	√	分不同银行分别填写［后附贷款合同、提取银行贷款结算凭证（借款借据）、还款凭证、利息支付凭单］，注意资料的清晰性和完整性。
29	贴息类	银行贷款收息结算情况表（附件10）										√	√	√	√	需要原件（加盖银行红章）。
30	贴息类	银行贷款合同副本复印件										√	√	√	√	如贷款企业与申请企业不一致，且申请企业（签约企业）为贷款企业的全资子公司，还须提供相关文件证明该贷款用于签约项目以及申请企业母公司向申请企业划转贷款的单据、申请企业偿还母公司贷款以及支付母公司贷款利息的单据。
31	贴息类	提取银行贷款、支付利息及归还贷款的结算凭证复印件										√	√	√	√	根据不同银行的不同申请贴息项目基本情况表成套装订。
32	贴息类	承担商务部确认的境外经贸合作区建设任务的企业出具的确认证明										√				进入境外经贸合作区实施项目提供。

附件 2

2011 年对外经济技术合作专项资金企业申报指南说明

一、档案形式要求

1. 企业申报档案资料须统一为 A4 纸。

2. 卷内文件要按顺序编页码。

3. 档案要编制目录（参照指南中的资料顺序），并与卷内文件的页码相对应。

4. 企业基本资料（指南 1～5 项）单独装订成册，封面注明基本资料 1 册，项目资料 n 册；项目资料要分项目单独装订，封面标注××项目（共 n 册，第×册）；以上每册较少时可以合并装订，中间加彩页进行分隔；申报资料装订以不易脱落为标准。

5. 费用支出的相关资料装订顺序要求：应将对应每笔费用的支付凭证、费用发票、费用合同、提单、进口货物报关单等资料集中按顺序装订，并完整填写“申请直接补助项目基本情况及费用支出情况明细表”（附件 7），资料所在页码不得空缺。

6. 资源回运的相关资料装订要求：对应每笔实际发生运费及保险费的海关报关单、购货发票、运费发票、保险发票、支付凭证（主要是指实际支付费用的银行汇款单等）、提单等资料按照顺序装订。应保证运输发票、报关单、提单及其他单据之间有数量上的对应关系，保证发票、报关单及提单有着一对多的对应关系。例如，一张运输发票对应着几张海关报关单或提单，应在一张运输发票后附对应的海关报关单或提单。如果一张报关单对应着几张运输发票或提单，也应同样处理。

7. 贴息企业要分不同银行贷款分别成套装订“申请贴息项目基本情况及 2010 年度银行贷款付息一览表”（附件 9）、“银行贷款收息结算情况表”（附件 10）及其他相关资料；“银行贷款收息结算情况表”必须提供原件。

8. 提供文件的复印件要清晰，且必须加盖申报企业的公章，审计报告、合同等页数较多的资料在首页加盖公章并加盖骑缝章。

二、档案内容要求

1. 申报投资类补贴项目（含投资前期、投资贴息、人员保险）企业提供的审计报告须包括审计报告正文、资产负债表、利润表、现金流量表和完整的会计报表附注，其提供的会计报表附注应包含对外投资的情况。申请企业的审计报告不能以上级集团公司的审计报告替代。

2. “企业申报说明”（附件3）必须有申请企业的法定代表人或授权人的签名及申请企业盖章；在“企业申报说明”中，必须明确申报项目的个数，且在“企业申报项目明细表”（附件4）中详细填写表格各项内容。

3. 中央管理企业的集团（总）公司如果自身实施了对外经济技术合作项目，则其具有双重身份，既属于申请企业，同时又承担汇总上报及初审职能。

4. 签订前期费用及资源回运费用合同主体为国内申请企业及其全资子公司，由上述企业支付费用或由其他方代为转付，取得的发票抬头为上述企业。

5. 多（层）级投资的项目要求提供申报企业与最终的项目公司之间的逐级投资关系的证明文件，包括各级次的合资或合作合同、公司注册文件、资金汇出证明（银行单据）等。

6. “企业申报项目明细表”（附件4）中，申报补贴类型必须填写；项目的总投资金额和中方投资额（境外突发事件、“走出去”人员保险、外派人员劳务培训项目可不填写），必须填写投资时实际用的货币种类以及折算为美元的汇率及折算为美元的金额（以非美元作为计价币种的，折算率参照国家外汇管理局公布的2010年第12期《各种货币对美元折算率表》——国家外汇管理局网址：http//www. safe. gov. cn）；实际发生费用均须填列人民币金额，费用发生为外币的，按照中国人民银行公布的2010年度年末人民币汇率中间价折算或套算）。

7. 相关表格可在http：//cws. mofcom. gov. cn（商务部财务司网站）下载。申请企业须将直接补助项目基本情况及费用支出情况明细表（附件7）、资源回运费用单据明细表（附件8－1至附件8－3）电子版发送至邮箱zx@fdi. gov. cn（在填写电子邮件主题时一定要注明企业及项目名称）。

8. 档案中的具体数据要按资料要求的币种及单位填写，并保留两位小数。

9. 提供资料原件如为外文，必须同时提供中文译本或中文标注。

附件 3

企业申报说明

<table>
<tr><td>申请企业名称</td><td colspan="3"></td></tr>
<tr><td>法定代表人姓名</td><td></td><td>企业注册地</td><td>省 市</td></tr>
<tr><td>通讯地址</td><td></td><td>邮政编码</td><td></td></tr>
<tr><td colspan="4">申请人郑重声明如下：
1. 申请人本次申报 个项目（详见附表），共上报申报文件资料 页；
2. 申请人依法注册，具有独立法人资格，并合法经营；
3. 申请人申报的所有文件、单证和资料是准确、真实、完整和有效的；
4. 申请人申报的所有复印件均与原件核对，完全一致；
5. 申请人承诺接受有关主管部门为审核本申请而进行的必要核查。

申请企业法定代表人或授权人：（签名）
申请企业盖章：
日期： 年 月 日</td></tr>
<tr><td>银行账户账号</td><td></td><td>银行账户户名</td><td></td></tr>
<tr><td>开户银行名称</td><td></td><td>开户行地址</td><td></td></tr>
<tr><td>企业联系人</td><td></td><td>联系电话</td><td></td></tr>
<tr><td>电子邮件</td><td></td><td>移动电话</td><td></td></tr>
<tr><td>联系传真</td><td></td><td></td><td></td></tr>
</table>

说明：

1. 申请企业法定代表人或授权人签名栏须手签，使用名章无效；
2. 若由授权人签署，须提交由法定代表人手签并加盖公司印章的授权书原件；
3. 银行账户信息须为公司账户，用于拨付补贴资金，务必正确填写。

附件4

企业申报项目明细表

申请企业名称：

序号	项目名称	项目金额（单位：万元）				申报补贴类型	对外投资或签约企业	申报补贴金额（人民币元）	备注
		币种	总金额	折美元	其中中方投资金额（美元）				

折算汇率（按申报年份年末人民币汇率的中间价）：

补贴类型：

1. 投资前期　2. 农林渔矿前期　3. 承包前期
4. 咨询前期　5. 资源回运　6. 劳务培训
7. 人员保险　8. 突发事件　9. 境外研发专利费
10. 投资贴息　11. 农林渔矿贴息　12. 承包贴息
13. 咨询贴息

属于重点支持的项目按对应编号填在备注栏：①研发中心；②装备制造；③入合作区；④农林渔；⑤特许经营；⑥中国标准；⑦人民币计价。并将相关证明材料单独附于此表后。

附件5

最终控制方证明材料

申报补贴企业名称：

	名　称	对申报企业持股比例	备　注
母公司			
最终控制方			

母公司公章：　　　　　　　　　　　　最终控制方公章：

法定代表人签章：　　　　　　　　　　法定代表人签章：

（或股东签章）

1. “控制”是指一个企业能够决定另一个企业的财务和经营政策，并能据以从另一个企业的经营活动中获取利益的权力。一个企业能够对另一个企业实施控制的，另一个企业为其子公司，该企业应将子公司纳入合并财务报表的范围。该企业为纳入其合并财务报表范围的二级子公司的母公司及最终控制方；如纳入其合并范围的二级子公司还有其子公司（即该企业的三级子公司），并纳入二级子公司的合并财务报表范围，则二级子公司为三级子公司的母公司，该企业为三级子公司的最终控制方。三级以下级次同上类比确定母公司及最终控制方。

2. 最终控制方的确定原则：申请企业为私营企业的，最终控制方应该为个人。申请企业为地方国有企业的，最终控制方应该为地方国资委统一管理下的一级公司（中央企业不用填报）。

3. 一般情况下，母公司及最终控制方的确认依据及原则：母公司名称以申请企业章程中规定股东或审计报告附注中实收资本项下注明投资方确定，母公司名称应填写所占股份超过50%（不含）的公司或个人名称。如果最大的股东所持股份不超过50%，母公司应为能控制申请企业的公司，并提供申请企业的证明，例如，证明该公司在董事会有一半以上的表决权。如果确实没有公司能够控制申请企业，则视同为无母公司及无最终控制方。母公司是个人或非公司实体的，最终控制方名称与母公司名称一致。母公司是公司制企业的，应按照申请企业的性质从下自上逐级查找到最终控制方。

4. 申报单位无母公司、最终控制方为非公司的及最终控制方为个人的，须提供申请补贴企业公司章程（有关出资方的章节及签章页）及控股股东个人身份证复印件，并由控股股东在本表下方签字确认。提供的章程复印件（有关出资方的章节及签章页）应加盖当地工商局查询专用章（或工商局公章、部门章）。

附件 6

驻＿＿＿＿＿＿经济商务参赞处（室）意见

申报企业名称（盖章）：		
项目名称：		
项目所在国家、城市：		
项目是否正常运行：		
合作项目合同起止日期：		
是否为进入商务部确定的境外经贸合作区项目：		
经济商务参赞处（室）意见：		
参赞：	（签字）	经商处（室）盖章：
日期：　　年　　月　　日		
经商处（室）联系人：		
电话：	传真：	电子邮件：

附件7

申请直接补助项目基本情况及费用支出情况明细表

申请企业名称：　　　　项目名称：　　　　　　　　项目总金额：　　万美元

境外公司名称：　　　　境外公司注册登记时间：　　中方投资金额：　　万美元

序号	费用名称	费用金额（人民币元）	记账凭证				费用合同				费用发票				备注
			金额			页码	金额			页码	金额			页码	
			原币	汇率	折人民币		原币	汇率	折人民币		原币	汇率	折人民币		

备注：

1. 支付凭证要求提供费用支付的银行单据，如果存在代付转付情况，需附各环节银行支付单据及相关说明。

2. 境外企业投资额以境外企业批准证书上相应金额填列，其他类项目以项目合同签订金额填列。

3. 原币（×币种）由申请企业填写。

4. 支付凭证、费用合同、费用发票金额不一致时，取最小值填入费用金额列。

附件 8－1

资源回运费用单据明细表——陆运项目

项目名称：　　　　　　　　　　　　　　　　编制单位：　　　　日期：

项目期间：　　　　　　权益数量：　　　　　编制人：

序号	海关报关单		购货发票			保险发票		保险单			运费发票		实际支付保险费		实际支付运费		备注
	编号	数量/立方米	数量/立方米	单价/币种	总计/币种	单价/币种	金额/币种	运费/币种	保险总额/币种	保险费/币种	数量/立方米	运费金额/币种	原币/币种	折合人民币金额	原币/币种	折合人民币金额	
合计																	

备注：实际支付的运费及保险费合计数按照年末汇率中间价折合成人民币金额，在合计栏中填列。

附件 8－2

资源回运费用单据明细表——海运项目

项目名称： 编制单位： 日期：

项目期间： 权益数量： 编制人：

序号	海关报关单项目				购货发票项目			提单项目			运费发票				保险费用发票			实际支付运费		实际支付保险费用	
	编号	毛重	净重	数量	湿重	干重	总计金额/币种	号码	数量	湿重	提单号码	数量	单价	运费/币种	提单号码	数量	保费/币种	原币/币种	折合人民币金额	原币/币种	折合人民币金额
合计		—	—	—	—	—	—		—	—		—		—		—	—	—			—

备注：

1. 实际以外币支付的运费及保险费按照年末汇率中间价折合成人民币金额，在合计栏中填列。如果是人民币支付直接填人民币金额。

2. 购货发票、提单项目、运费发票、保险费用发票中的数量单位未标注，由申请企业自行填写数量单位。一般木材回运数量单位填写立方米，渔业和矿业数量单位填写吨。由企业自行填列。

附件8－3

资源回运费用单据明细表——渔业项目

项目名称： 编制单位： 日期：

项目期间： 权益数量： 编制人：

序号	海关报关单项目				运费发票			提单项目		实际支付运费	
	编号	毛重（千克）	净重（千克）	数量（千克）	提单号码	数量（吨）	运费（币种）	号码	毛重（千克）	原币（币种）	折合人民币金额

备注：实际以外币支付的运费按照年末汇率中间价折合成人民币金额，在合计栏中填列。如果是人民币支付直接填人民币金额。

附件 9

申请贴息项目基本情况及 2010 年度
银行贷款付息一览表

<table>
<tr><td colspan="2">申请企业名称</td><td colspan="5"></td></tr>
<tr><td colspan="2">借款企业名称</td><td colspan="5">（公章）</td></tr>
<tr><td colspan="2">项目名称</td><td colspan="2"></td><td colspan="2">申报补贴类型</td><td></td></tr>
<tr><td colspan="2">项目总金额（万美元）</td><td colspan="2"></td><td colspan="2">贷款银行</td><td></td></tr>
<tr><td colspan="2">中方投资金额（万美元）</td><td colspan="2"></td><td colspan="2">贷款合同号</td><td></td></tr>
<tr><td colspan="2">境外公司名称</td><td colspan="2"></td><td colspan="2">贷款金额（万元）</td><td></td></tr>
<tr><td colspan="2">境外公司注册登记时间</td><td colspan="2"></td><td colspan="2">贷款起止时间</td><td></td></tr>
<tr><td colspan="2">项目有效期</td><td colspan="2"></td><td colspan="2">贷款利率</td><td></td></tr>
<tr><td colspan="7">本项目已获得贷款贴息的年度：201　年、201　年 、2010 年</td></tr>
<tr><td rowspan="4">提款情况</td><td></td><td>提款时间</td><td>提款金额
（万元）</td><td>提款凭证
复印件页码</td><td colspan="2">备注</td></tr>
<tr><td>第一次</td><td></td><td></td><td></td><td colspan="2"></td></tr>
<tr><td>…</td><td></td><td></td><td></td><td colspan="2"></td></tr>
<tr><td>…</td><td></td><td></td><td></td><td colspan="2"></td></tr>
<tr><td rowspan="4">还款情况</td><td></td><td>还款时间</td><td>还款金额
（万元）</td><td>还款凭证
复印件页码</td><td colspan="2">备注</td></tr>
<tr><td>第一次</td><td></td><td></td><td></td><td colspan="2"></td></tr>
<tr><td>…</td><td></td><td></td><td></td><td colspan="2"></td></tr>
<tr><td>…</td><td></td><td></td><td></td><td colspan="2"></td></tr>
<tr><td colspan="7">201　年付息情况</td></tr>
<tr><td>付息时间</td><td>利息所属
期间</td><td>付息金额
（人民币元）</td><td colspan="2">付息凭证复印件页码</td><td colspan="2">备注</td></tr>
<tr><td></td><td></td><td></td><td colspan="2"></td><td colspan="2"></td></tr>
<tr><td></td><td></td><td></td><td colspan="2"></td><td colspan="2"></td></tr>
<tr><td></td><td></td><td></td><td colspan="2"></td><td colspan="2"></td></tr>
<tr><td></td><td></td><td></td><td colspan="2"></td><td colspan="2"></td></tr>
<tr><td colspan="2">合计</td><td></td><td colspan="2"></td><td colspan="2"></td></tr>
</table>

备注：

1. 提款、还款情况和年度付息情况行数不够及多笔贷款情况可复印本表，但须加盖公司印章。

2. 境外企业投资额以境外企业批准证书上相应金额填列，其他类项目以项目合同签订金额填列。

附件 10

银行贷款收息结算情况表

申请单位名称：(盖公章)　　　　　　　　　　　　　　　　　　　　　　金额单位：

利息清单序号	放贷银行	贷款合同号	贷款本金	贷款利率	贷款期间	申请贴息期间	贴息天数	本次贴息期间应支付利息	本次贴息期间已支付利息

备注：贴息期为 20　年 1 月 1 日至 12 月 31 日。

　　贴息天数为贷款期与贴息期的重合期间。

企业不存在欠息情况：

放贷银行签章：　　　　　　日期：　　　　　　银行经办人签名：

企业存在欠息情况（请注明欠息金额及欠款所属期间）：

放贷银行签章：　　　　　　日期：　　　　　　银行经办人签名：

注：本表由放贷银行填报，仅证明企业银行贷款及付息情况的真实性。

附件 11

承担商务部确认的境外经贸合作区建设任务的企业对进入合作区项目的意见

申报企业名称：		
项目名称：		
项目所在国家、城市：		
境外经贸合作区建设单位意见： 盖章： 日期：　　年　月　日		
境外经贸合作区建设单位联系人：		
电话：	传真：	电子邮件：

附件 12

申报资料初审、受理确认表

省（市、区、央企）：____________

企业名称：____________项目名称：____________

资助类别：☐ 前期费用　☐ 资源回运　☐ 劳务培训

☐ 专利资助　☐ 突发事件　☐ 人员保险　☐ 贷款贴息

业务类别：☐ 对外投资　☐ 农林渔矿　☐ 研发中心

☐ 承包工程　☐ 设计咨询　☐ 外派劳务

重点支持：☐ 研发中心　☐ 装备制造　☐ 入合作区　☐ 农林渔

☐ 特许经营　☐ 中国标准　☐ 人民币计价

序号	资料类型	资料名称	省级、央企初审栏	投促局复核栏	申报指南对应项
1	基本资料	专项资金申请报告			1
2	基本资料	申报说明及企业申报项目明细表			2
3	基本资料	最终控制方证明材料			3
4	基本资料	身份证复印件及公司章程			3
5	基本资料	2010 年度审计报告（包括审计报告、资产负债表、利润及利润分配表、现金流量表及会计报表附注）			4
6	基本资料	境外企业批准证书			5
7	基本资料	对外承包工程经营资格证书			5
8	基本资料	对外承包工程投（议）标项目许可			5
9	基本资料	境外矿产资源开发备案文件			5
10	基本资料	中俄森林资源开发合作备案文件			5
11	基本资料	农业部远洋渔业合作批准文件			5
12	基本资料	对外劳务合作经营资格证书			5
13	综合类	驻外经济商务参赞处（室）意见			6
14	综合类	合作项目合同复印件（包括签约方、合同金额、委托目的、合同有效期、签约时间、生效时间、签字页及中国标准等）			7
15	综合类	境外企业注册文件			8

续表

序号	资料类型	资料名称	省级、央企初审栏	投促局复核栏	申报指南对应项
16	综合类	资本项目外汇业务核准件或外汇管理部门其他证明文件			9
17	综合类	海关报关单（出口）			10
18	综合类	资金汇出证明文件			10
19	综合类	国内企业对实施最终投资的公司占控股地位的相关证明［包括：境外投资批准证书、外汇核准文件及资金汇出证明、各层级资金汇出证明（银行单据）等］			11
20	综合类	子公司最新公司章程（须工商部门盖章）或子公司最新的验资报告			12
21	直接补助类	申请直接补助项目基本情况及费用支出明细表			13
22	直接补助类	费用支付凭证			14
23	直接补助类	费用发票			14
24	直接补助类	费用支付合同			14
25	直接补助类	农林矿权权属证明			15
26	突发事件类	驻外经商机构、有关政府部门或商协会要求处理境外突发事件的书面意见			17
27	突发事件类	驻外经商机构对突发事件及处理情况的说明			18
28	人员保险、回运类	保险机构出具的保险凭证、发票			19
29	回运类	资源回运费用单据明细表			20
30	回运类	农、林业合作（含权益、产能）协议			21
31	回运类	第三国捕捞许可证（在第三国近海作业的远洋渔业项目）			21
32	回运类	购销合同及商业发票			22
33	回运类	进口货物报关单			23

续表

序号	资料类型	资料名称	省级、央企初审栏	投促局复核栏	申报指南对应项
34	回运类	提单			24
35	回运类	铁路、汽车或其他运输合同、凭证			24
36	回运类	运费发票			24
37	回运类	自捕鱼申报单			25
38	回运类	船舶登记证书			26
39	研发专利类	专利批准证书复印件			27
40	研发专利类	外国政府或国际组织专利收费凭证			27
41	贴息类	申请贴息项目基本情况及2010年度银行贷款付息一览表			28
42	贴息类	银行贷款收息结算情况表			29
43	贴息类	银行贷款合同副本复印件			30
44	贴息类	提取银行贷款、支付利息及归还贷款的结算凭证复印件			31
45	贴息类	承担商务确认的境外经贸合作区建设任务的企业对进入合作区项目的意见			32
46	内容规范类	复印件有无加盖单位印鉴			
47	内容规范类	外文部分有无中文译本或中文标注			
48	其他	报送统计资料： 1.《对外直接投资统计制度》 2.《对外承包工程业务统计制度》 3.《对外劳务合作和境外就业业务统计制度》 4.《商务部外交部关于印发〈对外投资合作企业在外人员相关信息备案制度〉的通知》 5.《商务部关于启用外派劳务人员基本信息数据库的通知》			

省（市、区、央企）初审确认责任人： 联系电话：

商务部投促局复核确认责任人：

备注：

1. 为了提高企业申报材料的质量，明确相关部门的责任，特制定本表。本表可复制。

2. 本表初审确认栏由省级主管部门或中央企业集团负责填写，一式两份，一份留存，一份连同企业申报材料交商务部投促局确认。

3. 省级主管部门或中央企业集团在初审确认前需按照本表要求，填写对应的省级主管部门或央企集团名称，以及所属企业名称和申报项目名称。

4. 本表与企业申报项目一一对应，确认时应按照资助类别、业务类别和重点支持类型在表头的相应方框类同时标注“√”。

5. 确认责任人收到企业申报的材料后，根据文件要求报送的材料对照本表逐条确认，有标注为“√”，无则标注“×”。

附件13

企业申报项目初审意见汇总表

<table>
<tr><td rowspan="2">序号</td><td rowspan="2">申请企业名称</td><td rowspan="2">项目名称</td><td colspan="4">项目金额（单位：万元）</td><td rowspan="2">申报补贴类型</td><td rowspan="2">对外投资或签约企业</td><td rowspan="2">实际发生费用金额（人民币元）</td></tr>
<tr><td>币种</td><td>总金额</td><td>折合美元</td><td>其中中方投资额（美元）</td></tr>
<tr><td></td><td></td><td></td><td></td><td></td><td></td><td></td><td></td><td></td><td></td></tr>
<tr><td></td><td></td><td></td><td></td><td></td><td></td><td></td><td></td><td></td><td></td></tr>
<tr><td></td><td></td><td></td><td></td><td></td><td></td><td></td><td></td><td></td><td></td></tr>
<tr><td></td><td></td><td></td><td></td><td></td><td></td><td></td><td></td><td></td><td></td></tr>
<tr><td></td><td></td><td></td><td></td><td></td><td></td><td></td><td></td><td></td><td></td></tr>
<tr><td></td><td></td><td></td><td></td><td></td><td></td><td></td><td></td><td></td><td></td></tr>
<tr><td></td><td></td><td></td><td></td><td></td><td></td><td></td><td></td><td></td><td></td></tr>
<tr><td></td><td></td><td></td><td></td><td></td><td></td><td></td><td></td><td></td><td></td></tr>
<tr><td></td><td></td><td></td><td></td><td></td><td></td><td></td><td></td><td></td><td></td></tr>
<tr><td></td><td></td><td></td><td></td><td></td><td></td><td></td><td></td><td></td><td></td></tr>
<tr><td></td><td></td><td></td><td></td><td></td><td></td><td></td><td></td><td></td><td></td></tr>
<tr><td></td><td></td><td></td><td></td><td></td><td></td><td></td><td></td><td></td><td></td></tr>
<tr><td></td><td></td><td></td><td></td><td></td><td></td><td></td><td></td><td></td><td></td></tr>
<tr><td colspan="4">省级财政部门审核意见：

主管负责人签字：
（公章）</td><td colspan="3">省级商务主管部门审核意见：

主管负责人签字：
（公章）</td><td colspan="3">中央管理企业审核意见：

主管负责人签字：
（公章）</td></tr>
</table>

附件 14

“走出去”人员人身意外伤害保险审查明细表

申报单位名称：

序号	姓名	性别	身份证号	护照号	护照复印件	签证复印件	项目审查表	合同复印件	项目或雇主名称	工作证复印件	出境期间	省级/企业集团审核情况

省级财政部门审核意见：	省级商务主管部门审核意见：	中央管理企业审核意见：
主管负责人签字： （公章）	主管负责人签字： （公章）	主管负责人签字： （公章）

注：表内所列资料留省级商务主管部门或中央管理企业集团（总）公司备查，无需上报。

附件 15

境外突发事件处置费用审查明细表

申报单位名称：

序号	姓名	性别	项目名称	身份证号	护照号	护照复印件	签证复印件	出境期间	省级/企业集团审核情况

省级财政部门审核意见：	省级商务主管部门审核意见：	中央管理企业审核意见：
主管负责人签字： （公章）	主管负责人签字： （公章）	主管负责人签字： （公章）

注：表内所列资料留省级商务主管部门或中央管理企业集团（总）公司备查，无需上报。

附件16

外派劳务人员适应性培训审查明细表

序号	姓名	性别	身份证号	外派劳务人员（研修生）培训合格证编号	护照号	护照复印件	签证复印件	项目审查表	合同复印件	项目或雇主名称	外派劳务人员招收备案表	出境期间	工作证复印件	填报外派劳务人员基本信息数据库	省级/企业集团审核情况

省级财政部门审核意见： 上述内容审核完毕，共计　　名人员符合条件。 主管负责人签字： （公章）	省级商务主管部门审核意见： 上述内容审核完毕，共计　　名人员符合条件。 主管负责人签字： （公章）	中央管理企业审核意见： 上述内容审核完毕，共计　　名人员符合条件。 主管负责人签字： （公章）

注：表内所列资料留省级商务主管部门或中央管理企业集团（总）公司备查，无需上报。

中小企业国际市场开拓资金

一、政策依据

《中小企业国际市场开拓资金管理办法》（财企［2010］87 号）。

二、支持内容和标准

境外展览会；企业管理体系认证；各类产品认证；境外专利申请；国际市场宣传推介；电子商务；境外广告和商标注册；国际市场考察；境外投（议）标；企业培训；境外收购技术和品牌等。

支持金额原则上不超过项目支持内容所需金额的 50%。对中、西部地区和东北老工业基地的中小企业，支持比例可提高到 70%。

每个项目给予支持的资金最高不超过 30 万元人民币；对团体项目申请，每个项目给予支持的资金最高不超过 300 万元人民币。

北京市中小企业国际市场开拓资金支持内容及标准见附件。

三、申报条件

1. 中小企业独立开拓国际市场的项目为企业项目，申请企业项目的中小企业应符合下列条件：

（1）在中华人民共和国关境内注册，依法取得进出口经营资格的或依法办理对外贸易经营者备案登记的企业法人，上年度海关统计进出口额在 4500 万美元以下。

（2）近三年在外经贸业务管理、财务管理、税收管理、外汇管理、海关管理等方面无违法、违规行为。

（3）具有从事国际市场开拓的专业人员，对开拓国际市场有明确的工作安排和市场开拓计划。

（4）未拖欠应缴还的财政性资金。

2. 企、事业单位和社会团体组织中小企业开拓国际市场的项目为团体项目。申请团体项目的项目组织单位应符合下列条件：

（1）具有组织全国、行业或地方企业赴境外参加或举办经济贸易展览会资格。

（2）通过管理部门审核具有组织中小企业培训资格。

（3）申请的团体项目应以支持中小企业开拓国际市场和提高中小企业国际竞争力为目的。

（4）未拖欠应缴还的财政性资金。

四、申报材料

（一）境外展、会议

1. 企业项目。

（1）参展合同及展方邀请函复印件。

（2）随团参展企业自行申报时需提供组团参展批复文件复印件及组团单位出具的展位未获得财政补助的证明。

（3）参加会议的相关文件复印件。

（4）发生费用合法凭证（发票、摊位确认书）的复印件。

（5）申请大型展品回运费的项目需提供以下材料：与运输公司签订的运输合同、贸促会出具的货物暂时进出口 ATA 单证、海关进出口报关单据及进出境物品申报用装箱清单等复印件。

（6）如以外汇结算的费用，需提供银行付汇申请书（境外汇款申请书）复印件。

（7）参展、参会的照片（包含展位号及企业标识，会议席位影像）。

2. 团体项目。

（1）展方邀请函或国家有关部门的批复文件复印件。

（2）与组展方签订的展位合同复印件。

（3）公共布展摊位的搭建合同复印件。

（4）发生费用合法凭证（发票、展位确认书）的复印件。

（5）如以外汇结算的费用，需提供银行付汇申请书（境外汇款申请书）复印件。

（6）参展企业汇总表，主要包括展会起始时间、企业名称、海关编码、组织机构代码、参展人员姓名、联系方式等。

（7）公共展位照片、参展单位展位照片（包含展位号及企业标识）。

（8）工作小结，主要包括展会概况、参展过程介绍、参展效果、工作建议或下一步工作计划等。

（二）企业管理体系认证

1. 与认证机构签订的合同（协议）或年度审核通知书复印件。
2. 管理体系认证证书复印件。
3. 年度审核复审报告复印件（申请年度审核时提供）。
4. 认证机构开具的合法凭证（发票）复印件。
5. 认证机构的认证资格证书复印件。

（三）产品认证

1. 与认证、检测机构签订的合同或协议复印件。
2. 产品认证证书复印件。
3. 检验检测报告复印件。
4. 发生费用合法凭证（发票）。
5. 认证机构的认证资格证书复印件。

（四）境外专利申请

1. 境外专利证书复印件。
2. 与专利代理机构签订的合同、协议复印件。
3. 专利申请过程中支付国内外专利管理部门费用的发票复印件。

4. 如以外汇结算的费用，需提供银行付汇申请书（境外汇款申请书）复印件。

（五）国际市场宣传推介

1. 与制作方签订的制作合同或协议复印件。
2. 制作的宣传材料样本。
3. 发生费用合法凭证（发票）复印件。
4. 制作方营业执照复印件。

（六）电子商务

1. 创建企业网站项目需提交网址及创建网站 ICP 备案信息查询页面截图；企业信息管理系统项目需提交设计方案复印件及企业信息管理系统各个管理模块的截图；企业网络营销活动项目需提交网页截图（网络营销内容至少有一种外国文字）。

2. 与服务商签订的制作合同或协议复印件（合同应具有详细的服务内容和收费标准）。

3. 服务商营业执照以及通过 ISO、CMMI 等相关资质认证的证书复印件。

4. 发生费用合法凭证（发票）。

5. 如以外汇结算的费用，需提供银行付汇申请书（境外汇款申请书）复印件。

（七）国际市场考察、洽谈

1. 外方邀请函复印件。

2. 出国考察人员护照信息页、签证页及出入境日期页复印件（标注出与申请项目相关的信息），因公出国还应提供出国任务批件复印件。

3. 机票发票及电子客票行程单复印件。

4. 考察人员在职证明。中小企业赴境外考察为台、港、澳人员或外籍人士，需提供“台港澳人员就业证”或“中华人民共和国外国人就业许可证”复印件（复印照片页和工作单位页）。

5. 考察报告。

（八）境外广告或商标注册

1. 境外路牌广告照片、杂志报刊实物或影视样品。

2. 境外注册证书复印件。

3. 与广告制作方或委托商标注册方签订的合同或协议（标注出商标注册国及注册费用）复印件。

4. 发生费用合法凭证（发票）的复印件。

5. 如以外汇结算的费用，需提供银行付汇申请书（境外汇款申请书）复印件。

（九）境外投（议）标

1. 标书购置、项目设计。

（1）投（议）标资格证明文件复印件，包括“境外投（议）标许可证书”、招标单位出具的“资格预审通知书”、“招标文件”及所购置标书封面。

（2）未中标证明文件。

（3）与项目设计单位签订的合同复印件。

（4）购买标书、支付项目设计费的合法凭证（发票）的复印件。

（5）如以外汇结算的费用，需提供银行付汇申请书（境外汇款申请书）复印件。

2. 考察及调研交通费。所需资料与“国际市场考察、洽谈”相同。

（十）企业培训

1. 会议通知及会议资料复印件。

2. 会议签到表（包括企业名称、海关编码、组织机构代码、联系人、联系电话等）。

3. 会议工作照片。

4. 培训讲师的个人简介（包括工作单位、职称、学历等）。

5. 发生费用合法凭证（发票）的复印件及会议承接单位出具的开支明细复印件。

（十一）境外收购技术及品牌

1. 有关境外收购技术及品牌的股东会或董事会决议。

2. 主管部门就项目单位境外收购技术及品牌的审批文件复印件或技术进

（出）口合同登记证书及技术进（出）口合同数据表复印件。

3. 收购协议或合同复印件（外文协议或合同需提供中文译本）。

4. 境外收购商标或专利项目，需提供主管机关出具的注册商标或专利技术所有权人已变更为项目单位的所有人权利证书复印件；境外购买软件项目提供厂商产品授权证书或软件产品使用授权书复印件。

5. 项目可行性研究报告（包括：项目单位的基本情况和财务状况、项目背景及目的、项目实施情况、项目投入情况、与境外收购有关的尽职报告或意见书）。

6. 提供银行付汇申请书（境外汇款申请书）复印件。

7. 发生费用合法凭证（发票）的复印件。

8. 组织专家对境外收购技术及品牌项目进行评审论证，项目单位需根据评审要求提供相关资料。

五、申报程序

1. 资质注册申请。申请国际市场开拓资金的项目单位，应在中小企业国际市场开拓资金网络申报系统（http：//www. smeimdf. org）上提交单位资质注册申请。

2. 年度项目计划申请。资质注册审核通过的项目单位，在项目完成当年按照“申报系统”公布的时间，通过“申报系统”提交年度项目计划申请。

3. 资金拨付申请。列入年度项目计划的项目完成后，项目单位在规定的时间内，通过“申报系统”完成网上资金拨付申报。

六、说明事项

市场开拓资金优先支持下列活动：

1. 面向拉美、非洲、中东、东欧、东南亚、中亚等新兴国际市场的拓展；

2. 取得质量管理体系认证、环境管理体系认证和产品认证等国际认证。

附件：

北京市中小企业国际市场开拓资金支持内容及标准

序号	支持方向		支持比例（%）	最高限额（人民币元）	备　注
一	境外展览、会议	展位费	50 或 70	30000/每个展位	
		公共布展费	50 或 70	3000/每个展位	只支持项目组织单位全额承担的公共布展费（团体项目）。
		大型展品回运费	50 或 70	100000	大型展品回运费只支持单位体积 1 立方米且重量 1 吨以上的展品回运费用。
		会议费或注册费	50 或 70	30000	支持企业参加境外电子信息、生物医药及文化创意等行业论坛、研讨、技术交流会不超过两个人的费用。
		Case study（案例分析）	50 或 70	50000	支持服务外包企业参加境外技术交流会议发生的费用。
二	企业管理体系认证	ISO9000 系列质量管理体系标准认证、ISO14000 系列环境管理体系标准认证、职业安全管理体系认证、卫生管理体系认证等管理体系认证	50	50000	1. 认证机构应经中国认证认可监督管理委员会批准（可通过 www.cnca.org.cn 进行查询）。 2. 企业须在认证结束并取得相应认证证书的当年提交资金拨付申请。 3. 不同的管理体系认证应分别申请。 4. 只支持企业初次认证费、换证费、年度审核费，不支持咨询费、培训费。

续表

序号	支持方向		支持比例（%）	最高限额（人民币元）	备　注
三	产品认证	开发能力成熟度模型集成（CMMI）认证、开发能力成熟度模型（CMM）认证、人力资源成熟度模型（PCMM）认证、信息安全管理认证、IT服务管理认证、服务提供商环境安全性认证	50	500000	1. 支持根据产品进口国的有关法规或合同要求进行的产品认证。 2. 产品认证机构应具有产品认证资格。 3. 产品认证须在认证结束并取得相应资质证书的年度申请资金支持。只支持认证费、认证过程中的检测费。 4. 不同的产品认证应分别申请。
		其他产品认证	50	300000	
四	境外专利申请	发明专利	50或70	50000	1. 专利申请项目是指中小企业通过巴黎公约或PCT专利合作条约（PATENT COOPERATION TREATY）成员国提出的专利申请。 2. 专利申请须在申请获得通过并取得专利证书的当年申请资金支持。 3. 只支持申请过程中支付境内外专利管理部门的费用。不同类别的专利项目应分别申请。每个专利最多支持在5个国家的申请。
		实用新型专利	50或70	50000	
		外观设计专利	50或70	50000	
五	国际市场宣传推介	宣传材料的翻译及制作	50或70	15000	1. 宣传材料至少具有一种外国文字或语音。 2. 宣传材料不少于2000份，宣传视频不少于5分钟。 3. 不支持产品外包装、说明书的制作费。 4. 宣传材料和宣传视频应分别申请。
		宣传视频的翻译及制作	50或70	20000	

续表

序号	支持方向		支持比例（%）	最高限额（人民币元）	备注
六	电子商务	创建企业网站	50	50000	1. 电子商务项目的实施，应有助于中小企业开拓国际市场。 2. 企业网站应具有较丰富的内容，至少有一种外国文字或语言，并定期更新。 3. 企业信息管理系统是指开发外贸业务单证管理、客户供应商管理、产品管理等外贸业务流程一体化的信息化管理项目。 4. 企业网络营销活动是指企业在国内、国际有影响的互联网网站进行广告宣传、商品营销等活动。 5. 为企业提供电子商务活动的服务商，应是依法注册、具有相应资质的法人，并通过了 ISO、CMMI 等相关资质认证。 6. 创建企业网站和开发信息管理系统只支持一次性的建设开发费用，不支持后期维护、改版、升级等费用。不同的电子商务项目应分别申请。
		企业信息管理系统	50	50000	
		企业网络营销活动	50	50000	
七	境外广告、商标注册	境外宣传广告	50 或 70	50000	1. 境外广告类别包括路牌广告、报刊广告和影视广告。 2. 只支持企业在境外发布广告、商标注册的费用。 3. 每个企业每种产品在一个国别（地区）只支持一次商标注册费用，应在取得注册证书的当年申请资金支持。 4. 报刊杂志类广告需在样品中注明广告位置及相应中文翻译。 5. 境外广告和商标注册应分别申请。
		境外商标注册	50 或 70	50000	

续表

<table>
<tr><th>序号</th><th colspan="2">支持方向</th><th>支持比例（%）</th><th>最高限额（人民币元）</th><th>备 注</th></tr>
<tr><td rowspan="2">八</td><td rowspan="2">国际市场考察、洽谈</td><td>交通费</td><td>50 或 70</td><td>无</td><td rowspan="2">1. 国际市场考察是指为全面了解和掌握国际市场商品销售情况、建立和完善销售渠道而对国际市场进行的商务考察或洽谈活动，包括应邀参加在境外举办各类展会。
2. 每个国际市场考察项目支持出访国家（地区）不超过 3 个、支持人数不超过 2 人。出访 1 个国家（地区）支持的天数不超过 6 天，出访两个国家（地区）支持天数不超过 10 天，出访 3 个国家（地区）支持天数不超过 12 天。
3. 交通费只支持国际航班的经济舱费用，如采用其他交通工具，以实际费用为基数按规定比例予以支持，标准不超过同段航程飞机经济舱费用。临时购买的访问国城市间交通费用不予支持。</td></tr>
<tr><td>生活补助</td><td>50 或 70</td><td>国外生活费用（包括住宿费、伙食费和公杂费）按国家规定的访问国补助标准按支持比例进行核算。</td></tr>
<tr><td rowspan="3">九</td><td rowspan="3">境外投（议）标</td><td>标书购置费</td><td>50 或 70</td><td>30000</td><td rowspan="3">1. 只支持未中标企业开展的境外投（议）标活动。
2. 境外投（议）标项目包括：成套设备和大型单机境外投（议）标、对外工程承包投（议）标和大宗商品采购投（议）标等。
3. 标书购置费指企业从项目发标方直接购买标书所支出的费用；项目设计费指企业委托专门设计研究机构进行设计所支出的费用。
4. 考察交通费与国际市场考察、洽谈项目中的交通费核算方法相同。
5. 境外投（议）标项目应在投（议）标工作结束的当年申请，同一个项目只能申请一次。</td></tr>
<tr><td>项目设计费</td><td>50 或 70</td><td>50000</td></tr>
<tr><td>境外市场考察交通费</td><td>50 或 70</td><td>无</td></tr>
</table>

续表

序号	支持方向		支持比例（%）	最高限额（人民币元）	备注
十	企业培训	培训会务费	无	40000（50～99家企业）	1. 企业培训项目只支持为提高北京地区中小企业国际竞争力，在本市组织的免费培训，参加的中小企业不少于50家。 2. 申请者只能是项目组织单位，支持费用主要包括培训资料费、场地租赁费等，人均标准一般不超过200元，资料费不得超过会务费的10%。 3. 企业培训只支持团体项目。
			无	50000（100家企业以上）	
十一	境外收购技术和品牌	收购技术	50	1000000	1. 境外技术和品牌收购项目的实施应有助于中小企业开拓国际市场。 2. 境外收购项目是指经国家主管部门批准，中小企业到境外开展收购技术和品牌（如注册商标、专利技术等知识产权）的活动。 3. 境外收购业务应在收购完成当年申请。
		收购品牌	50	1000000	

说明：按支持比例计算后的金额低于最高限额，以实际计算结果为准。

对外承包工程保函风险专项资金

一、政策依据

《对外承包工程保函风险专项资金管理暂行办法》（财企［2001］625号）。

《关于印发〈对外承包工程保函风险专项资金管理暂行办法〉补充规定的通知》（财企［2003］137号）。

二、支持内容和标准

1. 为符合条件的项目开具的投标保函、履约保函和预付款保函提供担保。

2. 垫支对外赔付资金。

3. 垫支赔付资金的核销。

同一企业累计开立保函余额为3000万美元。对承接发展前景良好，确有经济效益的特大型对外承包工程项目的企业不得超过4000万美元。

三、申报条件

1. 申请使用保函风险资金的企业须具备以下条件：

（1）经商务部批准，具有对外经济合作经营资格并在工商行政管理部门登记注册的企业法人。

（2）资产总额在8000万元人民币以上（含8000万元人民币），所有者权益在1500万元人民币以上（含1500万元人民币），连续两年赢利。

（3）未发生拖欠或挪用各类型专项基金、资金及其他违法违规经营记录。

2. 申请使用保函风险资金的项目须具备以下条件：

（1）合同额（或投标金额）在500万美元或其他等值货币以上（含500万美元）。

（2）取得《对外承包工程项目投（议）标许可证》。

（3）符合我国外经贸政策。

四、申报材料

1. 企业向中国银行及其授权分行提出使用保函风险资金开具投标保函须提供以下材料：

（1）企业营业执照副本及复印件。

（2）中国人民银行颁发的贷款卡。

（3）企业近两年来经会计师事务所审计的财务会计报告及审计报告。

（4）项目基本情况介绍，包括项目背景、实施项目的资金来源、项目可行性研究报告、项目收支预算表。

（5）招标文件副本、包括项目介绍部分及商务部分。

（6）外经贸部颁发的《对外承包工程项目投（议）标许可证》。

（7）中国银行及其授权分行要求提供的有关材料。

2. 企业向中国银行及其授权分行申请使用保函风险资金开具履约保函须提供以下材料：

（1）企业营业执照副本及复印件。

（2）中国人民银行颁发的贷款卡。

（3）企业近两年来经会计师事务所审计的财务会计报告及审计报告。

（4）项目的基本情况介绍，包括项目背景、实施项目的资金来源、项目可行性研究报告、项目收支预算表等。

（5）中标通知书或合同副本，包括项目介绍部分及商务部分。

（6）外经贸部颁发的《对外承包工程项目投（议）标许可证》。

（7）中国银行及其授权分行要求提供的有关材料。

五、申报程序

1. 中央管理的在京企业向中国银行总行提出申请，各地方企业及在地方的中央管理企业向当地或就近的中国银行授权分行提出申请。

2. 中国银行及其授权分行对提交的材料进行审核，审核同意后即可为可行的项目开具保函。审核不同意应向企业说明理由。

六、说明事项

1. 开具的保函发生赔付时，如企业无力按业主要求及时支付赔付款，要向中国银行提出使用保函风险资金垫支的申请。中国银行及其授权分行应在中国银行规定的工作日内完成资金的对外垫付工作。

2. 发生垫支赔付款的企业应在中国银行对外支付垫款之日起 15 日内归还垫付款，如未能按期归还，在 180 天内按中国银行公布的同期外汇贷款利率，缴纳保函风险资金占用费；超过 180 天按中国银行公布的逾期外汇贷款利率缴纳保函风险资金占用费。

3. 中国银行负责于垫支赔付款后 180 天内向企业收回垫支款及占用费并存入保函风险资金账户。对外承包工程保函风险专项资金（以下简称保函风险资金）系指由中央财政出资设立，为符合本办法规定的对外承包工程项目（以下简称项目）开具的有关保函提供担保、垫支赔付款的专项资金。

出口信用保险扶持发展资金

一、政策依据

《关于印发〈出口信用保险扶持发展资金管理办法〉的通知》（外经贸计财发［2002］584号）。

二、支持内容和标准

1. 投保中长期出口信用保险和海外投资保险的按实际缴纳保费的10%予以资助。

2. 投保短期出口信用保险的按实际缴纳保费的20%予以资助。

3. 对符合条件的西部地区出口企业，在上述规定比例的基础上，上浮5个百分点予以资助。

三、申报条件

获得扶持发展资金的出口企业应符合以下条件：

1. 在中华人民共和国境内注册，具有独立企业法人资格和进出口经营权。

2. 已向境内保险机构投保出口信用保险并缴纳保费。

3. 在外经贸业务、财务、出口退税、外汇管理、海关监管等方面无严重违规行为。

四、申报材料

按照中国出口信用保险公司要求提交材料。

五、申报程序

1. 中国出口信用保险公司每季度的第一个月向财政部和商务部提出资金拨付申请，财政部商务部后拨付资金。

2. 中国出口信用保险公司按现行相应的保险费率向投保的出口企业计收保费，并按规定的资助比率，在每季度后的 1 个月内将上季度出口企业应获得的资助资金退还出口企业。

六、说明事项

“出口企业”是指在中华人民共和国境内注册的、有进出口经营权的各类所有制企业。

进口贴息资金

一、政策依据

《进口贴息资金管理暂行办法》（财企［2007］205 号）以下简称《办法》。

《关于做好 2010 年度进口贴息资金申报工作的通知》（财企［2011］26 号）。

二、支持内容和标准

1. 国家财政对企业以一般贸易方式进口列入《鼓励进口技术和产品目录》以下简称《目录》（见附件 1）中的产品（不含旧品）、技术，以贴息的方式给予的支持。

2. 以进口额作为计算贴息的本金。进口产品的，以中华人民共和国海关进口货物报关单列明的进口金额乘以固定人民币汇率计算；进口技术的，以技术进口付汇凭证上的付汇金额乘以固定人民币汇率计算。

3. 贴息率不高于贴息清算时中国人民银行公布的最近一期人民币一年期贷款利率。

三、申报条件

企业申请进口贴息应当符合以下条件：

1. 申请企业近三年内没有违法违规行为，无恶意拖欠国家政府性资金行为。

2. 进口产品的，申请贴息的企业应当是《进口货物报关单》上的收货单位；进口技术的，应当是《技术进口合同登记证书》上的技术使用方。

3. 申请贴息的进口产品应当是每年1月1日至12月31日期间已完成进口报关；申请贴息的进口技术应当是每年1月1日至12月31日期间执行合同，并取得银行出具的付汇凭证。

4. 进口产品、技术未列入其他贴息计划。

5. 技术进口合同中不含违反《中华人民共和国技术进出口管理条例》（国务院令第331号）规定的条款。

6. 进口《鼓励进口技术和产品目录》中“鼓励发展的重点行业”项下的设备，未列入《国内投资项目不予免税的进口商品目录（2006年修订）》（财政部公告2007年第2号）。

四、申报材料

1. 进口产品申请贴息应当提供以下材料：

（1）企业法定代表人签字的贴息资金申请报告，内容包括：企业基本情况、进口用途、预计可产生的效益等，及申报说明（见附件2）。

（2）“企业营业执照”（复印件）。

（3）“进口贴息资金申请表”（见附表3）及电子数据。

（4）“进口产品订货合同”（复印件）。

（5）“中华人民共和国海关进口货物报关单”（复印件）。

（6）进口“鼓励发展的重点行业”项下的设备，需提供《国家鼓励发展的内外资项目确认书》（含进口设备清单、复印件）、《进出口货物征免税证明》（复印件）及《进口货物报关单》（复印件）。

2. 进口技术申请贴息应当提供以下材料：

（1）企业法定代表人签字的贴息资金申请报告，内容包括：企业基本情况、进口用途、预计可产生的效益等，及申报说明（见附表2）。

（2）“企业营业执照”（复印件）。

（3）“进口贴息资金申请表”（见附表3）及电子数据。

(4)“技术进口合同”(复印件)。

(5)“银行出具的注明技术进口合同号的付汇凭证”(复印件)。

(6)“技术进口合同”登记证书。

(7)“技术进口合同数据表”。

以上材料均需加盖企业公章。

五、申报程序

1. 地方企业通过省、自治区、直辖市、计划单列市商务部门和财政部门,中央企业通过集团母公司于每年3月1日前向商务部(财务司、产业司)和财政部(企业司)申报。

2. 财政部和商务部共同委托专门机构对地方商务和财政主管部门及中央管理企业报送的材料进行审核。对审核后符合要求的企业下达贴息资金。

六、说明事项

1. 国家发展改革委会同财政部、商务部将根据情况需要,适时对目录进行调整。

2. 企业除填写“进口贴息资金申请表”总表外,还需根据实际进口情况,按照先进技术、重要装备(含“鼓励发展的重点行业”)、资源性产品和原材料三类分别填写、上报表格及电子数据。

3. 企业填报“进口贴息资金申请表”时,应按各报关单列明的项目独立填报,不得合并填报。进口技术的,在“海关报关单号/技术合同号”栏中填写技术合同号;进口产品的,准确填写18位海关报关单号。“备注”栏中须注明产品或技术在《目录》中对应的具体序号及产品原产国(地区)。

4.《目录》中对进口产品有技术参数要求的,在“商品技术规格”栏内,填写该产品对应的实际参数,并注明参数在所附材料中的页码。如果企业提交的进口合同中未列明商品技术参数的,需提供产品说明书等相应证明材料。

5. 进口铜精矿、锌精矿、铅精矿和钴精矿的,在“商品技术规格”栏内注明铜、锌、铅或钴的含量，并提供证明材料。

6. 属于《目录》中“鼓励引进的先进技术”的，除提交《办法》中规定的材料外，需提交“技术进口合同登记证书”和“技术进口合同数据表”。

7. 属于《目录》“鼓励发展的重点行业”第44项的，申报时不需提交“国家鼓励发展的内外资项目确认书”，但需提交科技部、国家发展改革委等部门的认定文件。

8. “进口货物报关单”或“付汇凭证”以非美元作为计价币种的，在填报“进口贴息资金申请表”时，应将进口额折算成美元。折算率参照国家外汇管理局公布的“各种货币对美元折算率表”。

附件1

鼓励进口技术和产品目录（2011年版）

一、鼓励引进的先进技术

序　号	技　术　名　称
A1	煤矿开采先进的CAD三维动态设计和有限元强度分析软件
A2	渗碳淬火高精度硬齿面齿轮装置加工制造技术
A3	强力液压支架高强度钢板焊接工艺与质量检验技术
A4	重型铠装刮板输送机中部槽焊接技术
A5	采掘装备自动化技术与工况检测系统
A6	煤矿中高压大容量移动供电系统的高可靠性、自动化技术
A7	其他高效综采成套装备和煤矿快速掘进与支护设备制造技术
A8	大功率强力刨煤机刨削与传动机构设计与制造技术
A9	大规格高强度圆环链制造技术
A10	大功率连续采煤机设计与制造技术
A11	薄煤层、极薄煤层强力刨煤机开采配套装备和短壁连续采煤机成套设备制造技术
A12	千万亿次高性能计算机的设计制造技术
A13	0.18微米及以下大规模数字集成电路设计、工艺制造技术，0.8微米及以下模拟、数模集成电路设计、工艺制造技术，SoC芯片和关键IP核，新型高密度集成电路封装与测试技术，上述技术产品专用设备的设计制造技术和专用材料的生产技术
A14	TFT－LCD、PDP、OLED面板、配套材料制造技术和专用设备的设计制造技术，3D显示、激光显示制造技术和专用设备的设计制造技术
A15	便携式计算机设计制造技术
A16	高性能、大容量存储系统设计制造技术
A17	高速移动数据通信技术
A18	基于开放源码（OPEN SOURCE）的软件技术
A19	高速立、卧式加工中心设计制造技术
A20	精密立、卧式加工中心设计制造技术
A21	立式铣车复合加工中心设计制造技术
A22	五轴联动加工中心设计制造技术

续表

序 号	技 术 名 称
A23	精密数控车床及车削中心设计制造技术
A24	高速数控车床及车削中心卧式铣车复合加工中心设计制造技术
A25	高速、精密大型数控滚齿机设计制造技术
A26	高速、精密大型数控磨齿机设计制造技术
A27	难加工材料轴类零件超高速精密外圆磨床设计制造技术
A28	数控切点跟踪曲轴磨床设计制造技术
A29	精密、复合、数控磨床设计制造技术
A30	精密曲面成形数控磨床设计制造技术
A31	轴联动叶片数控磨床设计制造技术
A32	纳米级精度微型数控磨床设计制造技术
A33	五轴联动高速、精密、数控工具磨床设计制造技术
A34	大型、精密、高效、数控螺纹加工设备设计制造技术
A35	高档数控珩磨机设计制造技术
A36	高速龙门五轴加工中心设计制造技术
A37	龙门铣车复合加工中心设计制造技术
A38	重型五轴龙门加工中心设计制造技术
A39	五轴联动数控落地铣镗床设计制造技术
A40	重型曲轴铣车复合加工中心设计制造技术
A41	超重型数控落地镗铣床设计制造技术
A42	大直径、超长、深孔加工的车、珩磨复合加工中心设计制造技术
A43	高速、精密主轴设计与制造技术
A44	大功率、大钮矩双摆铣头设计与制造技术
A45	高速、重载精密滚珠丝杠及直线导轨
A46	高精、高速数控转台设计与制造技术
A47	大型刀库及自动换刀装置设计与制造技术
A48	全功能数控动力刀架设计与制造技术
A49	高速防护装置设计与制造技术
A50	高速数控机床用新型数控刀具、刀柄系统、高效可转位刀具、超硬刀设计与制造技术
A51	全数字高档数控装置、全数字交流伺服电机、主轴电机及驱动装置设计与制造技术
A52	高压变频调速设备制造技术
A53	高速、高刚度大功率电主轴及驱动装置设计与制造技术
A54	大扭矩力矩电机及驱动装置设计与制造技术

续表

序 号	技 术 名 称
A55	大推力直线电机及驱动装置设计与制造技术
A56	500 千伏以上交直流绝缘套管制造技术
A57	大型高效矿山采掘关键设备的设计制造技术
A58	有利于提高矿山回采率的设备设计制造技术
A59	100 马力以上大型拖拉机、甘蔗和棉花收获机械设计制造技术
A60	电子测量仪器设计及其制造技术
A61	功率型、高亮度半导体发光二极管外延片、芯片设计制造技术，关键材料和设备设计制造技术
A62	新型电力电子器件设计、制造技术
A63	电子纸、触控显示面板新型显示器件制造技术
A64	新能源及节能装备用高压电子元件设计、制造技术
A65	微型片式元件设计、制造技术
A66	汽车电子控制系统设计制造技术
A67	新能源汽车专用关键零部件设计制造技术
A68	混合动力汽车动力传动装置设计制造技术
A69	汽车底盘电子控制系统设计、生产技术（自动稳定杆系统、防抱死制动系统、车轨控制系统、电子稳定性控制系统、磁流控制悬架系统等）
A70	车身安全性设计和分析技术
A71	NVH 控制关键技术（风噪测试规范和评价技术，车型风噪优化技术，风噪数据模型，底盘系统振动噪声测试规范与评价技术；传动系统匹配建模与分析技术、变速器敲击噪声测试与评价技术、传动系统匹配参数数据模型等）
A72	先进自动变速器设计制造技术（包括无级自动变速器，湿、干式双离合器自动变速器、重型车用电子机械自动变速器、六档以上 AT 自动变速器等）
A73	整车 CAN 总线技术通讯协议建立、调试、诊断技术
A74	汽车涂装机器人、车身柔性焊装线设计、制造技术
A75	先进汽车燃油系统（包括高压共轨、缸内直喷、可变进气系统、电子油门控制、稀薄燃烧、增压和中冷、断缸技术等）设计制造技术
A76	内燃机排放后处理系统制造技术
A77	高速铁路、城际铁路及城市轨道交通运输装备的设计制造技术
A78	动力推进系统，包括各类发动机、动力装备等的设计制造技术
A79	高技术、高附加值船舶和 10 万吨级以上船舶设计技术
A80	船舶配套设备（包括船舶动力系统、电站、甲板机械、舱室机械、船舶控制及自动化、通讯导航、仪器仪表等）设计技术

续表

序　号	技　术　名　称
A81	海洋工程装备及配套设计制造技术
A82	游艇和配套设备设计及制造技术
A83	修船（含改装船）设计技术
A84	伸缩臂液压挖掘机设计制造技术
A85	大型挖泥船、挖泥装置设计制造技术
A86	航天和飞机研制相关设计制造技术
A87	模具混合浇注先进制造技术
A88	产业用纺织机械设计制造技术
A89	多维纺织成型技术及关键设备制造技术
A90	吸油纤维工程化关键技术和装备制造技术
A91	喷气涡流纺纱机设计制造技术
A92	高性能苎麻纺织机械设计制造技术
A93	新型传感器制造技术
A94	无线测控设备制造技术
A95	高精度流量仪表制造技术
A96	高档在线分析仪器设计制造技术
A97	在线精密测试仪器技术
A98	无损检测关键元器件制造技术
A99	幅宽 6 米以上，车速 1200 米/分钟的先进造纸机械生产技术
A100	高速精密平板切纸机设计制造技术
A101	年产 15 万吨以上 APMP 高得率制浆生产线制造技术
A102	无氯漂浆设备制造技术
A103	高效碱回收设备制造技术
A104	生产能力达 60000 瓶/时以上高速贴标机生产技术
A105	氢动力电池，锂离子电池高性能/低成本正负极材料、高性能隔膜材料设计制造技术
A106	定向分离与物性修饰生产技术
A107	非热杀菌生产技术
A108	多级浓缩干燥生产技术
A109	直接浸出炼锌技术
A110	单台炉直接炼铅技术（基夫塞特 Kivcet 炼铅技术）
A111	非高炉炼铁技术
A112	冶金矿山选矿分级设备的设计制造技术
A113	纯净钢冶炼技术
A114	高强度汽车板、高牌号取向硅钢等关键钢材品种制造技术

续表

序　号	技　术　名　称
A115	烧结机烟气脱硫、脱氮、脱二噁英等联合脱除技术
A116	焦炉煤气深加工利用技术
A117	炉渣余热回收利用技术
A118	冶金低中温余热回收利用技术
A119	风力发电用及环保型环氧树脂生产技术
A120	液氢产品的生产技术
A121	用于电子级产品的包装的加工设备及原材料技术
A122	T500 以上碳纤维（简称 CF）成套装备的设计制造技术
A123	有机硅下游深加工产品生产技术
A124	20 万吨/年以上大规模甲苯硝化及二硝基甲苯加氢成套技术
A125	20 万吨/年以上过氧化氢催化氧化制环氧丙烷绿色成套技术
A126	10 万吨/年 TDI 产品生产技术，ADI 生产技术
A127	异戊橡胶制造技术
A128	非光气法聚碳酸酯制造技术
A129	高吸水性纤维生产技术
A130	无线辐射测试计量技术
A131	广播数字化及数字多媒体广播技术
A132	数字电视关键技术
A133	搪塑镍合金电铸模具制造技术
A134	发电用燃气轮机设计制造技术
A135	风电用变流器设计制造技术
A136	核电设备设计制造技术
A137	核电锻件制造技术
A138	核材料及装置的设计制造技术
A139	太阳能热发电设备的设计制造技术
A140	可再生能源、氢能等新能源领域关键设备的设计制造技术
A141	煤层气（瓦斯）勘探及开发利用关键设备的设计制造技术
A142	煤炭液化、地下气化关键设备的设计制造技术
A143	煤矿地质、石油及地球物理勘探关键设备的设计制造技术
A144	烟道二氧化碳捕集、驱油、埋存一体化技术及二氧化碳开采天然气和回注技术
A145	高性能海水淡化用反渗透膜制造技术
A146	聚乳酸纤维材料（简称 PLA）产业链成套装备的设计制造技术
A147	环保型新溶剂法纤维素纤维（即 LYOCELL、离子液等）成套装备的设计制造技术

续表

序　号	技　术　名　称
A148	新型聚酯 PTT 成套装备的设计制造技术
A149	新型聚酯 PEN 成套装备的设计制造技术
A150	高强高模芳纶 1414（学名聚对苯二甲酰对苯二胺，简称 PPTA）成套装备的设计制造技术
A151	聚酰亚胺耐高温纤维成套装备的设计制造技术
A152	聚亚酰胺（简称 P84）成套装备的设计制造技术
A153	丙烷（R290）制冷空调器技术
A154	高性能纤维的产品设计和加工技术
A155	新型聚酯 PBT 成套装备的设计制造技术
A156	生物法多元醇成套装备的设计制造技术
A157	用于碳纤维生产的 PAN 基碳纤维原丝技术
A158	20 万吨/年以上乙烯氧氯化法 VCM 工艺技术
A159	高浓度二氧化硫转化技术
A160	45 万吨/年以上丙烷脱氢制丙烯成套技术
A161	50 万吨/年以上丁烷分离异构成套技术
A162	保障农产品加工质量安全、提高产品市场竞争力的清洁生产和环境污染控制制造技术
A163	高效低残留农药使用技术（包括生物防治技术）
A164	农产品中有毒有害物质（包括农药、兽药、重金属、添加剂等）残留控制与检测技术
A165	农产品质量安全追溯技术
A166	农产品质量安全风险评估技术（包括模型、数据等）
A167	良好农业规范（GAP）、危害分析与关键控制技术（HACCP）、农产品良好检测实验室管理技术等
A168	动植物优良品种选育、繁育、保种和开发技术
A169	旱作节水农业、保护性耕作、生态农业建设、耕地质量建设以及新开耕地快速培肥技术
A170	动物传染性海绵状脑病快速检测技术
A171	奶牛乳房炎防控技术
A172	饲料霉变程度及霉菌毒素快速检测技术
A173	外来动物疫病监控技术
A174	苏氨酸生产技术
A175	蜜蜂抗螨育种技术
A176	马属动物传染病检疫检验技术
A177	动物疫病的新型诊断试剂、疫苗及低毒低残留新药开发技术
A178	火电厂脱硝工艺和装备技术

续表

序　号	技　术　名　称
A179	污水再生利用膜材料生产技术
A180	城市垃圾填埋处置二次污染控制及资源利用技术
A181	建筑垃圾处理和再生利用工艺成套设备制造技术
A182	符合环保要求的废旧电池回收处理工艺与装备技术
A183	电子废弃物干式分离回收技术
A184	化学纤维的清洁生产和环境污染控制技术
A185	废旧纤维制品回收利用制造技术
A186	CRT 电视机激光 PF 分割技术
A187	废玻璃自动分色分选技术
A188	含汞照明器具无害化回收利用技术
A189	二噁英污染防治技术
A190	废弃滤袋处理处置技术
A191	重金属污染防治技术
A192	钢铁污水深度处理和零排放技术
A193	有色金属工业废水处理循环利用系统
A194	物流高速分拣设备系统技术
A195	物流中心智能高效的自动包装技术
A196	物流行业专业电子地图开发技术
A197	垂直货物运输系统技术
A198	RFID（射频识别）技术
A199	低汞型高效照明产品制造技术
A200	高效换热器、蓄能器、冷凝器制造技术
A201	环保型废电器电子稀贵金属提纯还原技术
A202	玻璃全氧燃烧技术
A203	玻璃瓶罐轻量化生产技术
A204	耐热微晶玻璃餐具生产技术
A205	二氧化碳热泵热水器技术
A206	航空航天用高性能铝合金、钛合金制备技术
A207	高性能铟锡靶材制备技术
A208	高性能硬质合金制备技术
A209	高性能稀土材料制备技术

二、鼓励进口的重要装备

序　号	商品编码	商　品　名　称
B1	845710	镗铣加工中心（含立式、卧式、立卧式）：定位精度≤0.006mm，重复定位精度<0.004mm，快移速度>40m/min，≥4轴联动，工作台≥1250mm
B2	845710	柔性加工单元：5轴联动
B3	84581100 84589100	车削中心：重复定位精度高于0.004mm，主轴端径向圆跳动≤0.001mm，加工件圆度高于0.001mm
B4	84601100 84602190	数控平面磨床（含成形、龙门、导轨、双端面等）：定位精度高于0.006mm（全程），重复定位精度高于0.003mm（全程），平面度高于0.002mm/1000mm，龙门宽大于3500mm
B5	84602110 84602120 84602910 84603100	数控磨床（含内圆、外圆、端面外圆、万能、无心、轴承、专用等）：定位精度高于0.006mm，重复定位精度高于0.003mm，加工件圆度高于0.0005mm，砂轮线速度高于60m/s；刃磨：主轴转速10000r/min，重复定位精度直线轴≤0.002mm，回转轴0.002°，多轴控制五轴联动；坐标磨床：四轴四联动、七轴四联动
B6	84596110	数控龙门铣床：工作台宽度≥5000mm，重复定位精度<0.006mm/2000mm，>3轴联动
B7	84604010	金属珩磨机床
B8	84772090	异向平行双螺杆挤压成型机：螺杆直径>100mm
B9	84619090	CNC曲轴连杆颈加工机：双主轴，切削速度≥100米/分
B10	84613000	CNC曲轴车车拉床：双主轴，双刀盘，三轴连动*2
B11	84639000	数控曲轴圆角深滚压和滚压校直机床：滚压数≥6，滚压力≥30000N
B12	84629190	计算机控制增量成型机、流动成型机
B13	84614010	数控重型滚齿机：立式：工件直径>Φ8000mm，模数m>30mm；卧式：工件直径>Φ2000mm，模数m>30mm
B14	84602110 84602120 84602190	数控重型磨床：工件直径>1600mm，加工圆度≤0.001mm，微量进给≤0.0001mm
B15	84629110	单柱、双柱、四柱万能液压机：公称压力>4000t
B16	84569010	数控等离子切割机：板厚>40mm
B17	901600	精密运动控制相关的工艺和专用装备
B18	847950 84864031	高速、高精密机械手

续表

序　号	商品编码	商　品　名　称
B19	847420	固体矿物质的破碎或磨粉机器：生产率＞120m3/h
B20	84162090	使用粉状固体燃料的炉用燃烧器
B21	84119990	高炉煤气、燃气联合循环发电关键设备
B22	84171000	多膛焙烧炉（氧化钼）
B23	84629910	精锻机（钼）
B24	8514 84171000	金属注射成型脱脂烧结炉
B25	841790	自动剥锌机
B26		铜冶炼无种板精炼工艺及装备
B27	8454309000 84543022	铜板带加工用立式连续铸造机列
B28	85141010	水平和立式展开式保护气体退火机列
B29	84306990	修井机：额定载荷＞150t
B30	84742010	双齿辊破碎机：直径＞1.25m
B31	84305039	牙轮钻机：钻头直径＞310mm
B32	84251100	电动的滑车及提升机：起重量＞10t
B33	84282000	气压升降机及输送机：起重量＞5t
B34	84283910	刮板输送机：单台电机功率＞1000KW
B35	84303100	全断面掘进机：刀盘直径＞13m
B36	84264910	履带式起重机：起重量＞300t
B37	86040012	钢轨在线打磨列车
B38	84791090	高等级公路稀浆封层机：料仓＞$10m^3$，制浆＞3t
B39	84791090	沥青路面铣刨机：铣刨宽度＞2.5m，铣刨深度＞3cm
B40	84201000	研光机或其他滚压机器
B41	82071990	页岩气分段压裂可钻式桥塞
B42	84798990	水平段水平井射孔设备
B43	84211990	特大容量脱硫干风机
B44	84145930	离心式风机：流量≥$2900m^3/min$，压升≥46Kpa
B45	84212190	内循环厌氧反应器
B46	84211990	大型化和自动化碟式分离机

续表

序　号	商品编码	商　品　名　称
B47		连铸连轧铝板带生产线：混合炉（84541000）容积≥120t；连铸连轧机（热轧）（84552110）铸机板宽≥2286mm、热轧机辊宽≥2150mm；铝合金熔体在线处理装置 ALPURTS－75（84542010）包括在线处气装置 ALPURTS－75，处理流量≥75t/h，深床过滤器 PDBF－70，处理流量≥55t/h
B48	84798200	船用混油装置：除最高粘度≤7×10－4sec（rwl#100 度 F）的动态恒压混合方式
B49	8479820090	研磨机：研磨能力>26000KG/H，进口粒度<25μm，出口粒度<16μm
B50	8504	轨道车辆用 6500V 及以上 IGBT
B51	8504 8541	轨道车辆用未封装 IGBT 芯片
B52	8535 8536	轨道车辆用高速断路器
B53	8535 8536	轨道车辆用直流接触器
B54	90262010	轨道检查车用传感器
B55	901420	航空或航天导航仪器及装置（罗盘除外）
B56	85044099	风电用变频器
B57	8444	高强高模芳纶 1414（学名聚对苯二甲酰对苯二胺，简称 PPTA）成套装备（包括聚合、纺丝、后加工技术等）
B58	8444	T500 及以上碳纤维（简称 CF）关键装备（包括碳纤维原丝、碳化、予浸布及复合材料等）
B59	8444	聚酰亚胺耐高温纤维成套装备（包括以 P84 为代表品种的各类纤维）
B60	84451120	毛纤维型梳理机
B61	84452031	转杯纺纱机：纺杯最高速度>170000r/min，具有自动生头、接头、清洁提升
B62	84452032	喷气纺纱机：纺纱速度>300m/min
B63	84463090	特种无梭织机
B64	84471100 84471200	圆织机（除四梭圆织机）
B65	84472020	无缝电脑提花横机
B66	84514000	针织连续前处理和冷轧堆染色机生产线
B67	84454010	松式筒子自动络筒机：卷绕速度≥1000m/min

续表

序　号	商品编码	商　品　名　称
B68	84490000	成匹、成形的毡呢或无纺织物制造或整理机器：10g/m^2 以下的涤纶薄型分织造布生产线；200g/m^2 以上的丙纶厚型非织造布生产线；宽幅高速多模头纺粘熔喷复合非织造布生产线（幅宽＞3.2m，速度≥500m/min）；超高压水刺法非织造布生产线（水压≥40Mpa）
B69	84513000	熨烫机及挤压机（包括熔压机）
B70	84391000	纸浆生产的大型机器：年产 30 万吨以上化学浆生产设备；年产 10 万吨以上化机浆生产设备
B71	84392000	浆板机：幅宽≥3500mm，工作车速≥300m/min
B72	84392000 84393000	造纸机：幅宽≥5000mm，工作车速≥800m/min
B73	84392000	年产 30 万吨以上纸板生产机器
B74	84414000	纸浆、纸或纸板制品模制成型机器
B75	84418090	模切机：圆压平生产速度≥6000 张/小时；平压平生产速度≥4500 张/小时
B76	84411000	高速精密平板切纸机：幅宽 1650－2800mm，最大工作车速 350m/min，切纸精度±0.5mm
B77		高速精密平板切纸机横切系统：幅宽 1650－2800mm，最大工作车速 350m/min，最大切纸负载 1000g/m^2
B78	84431100	报纸用卷筒纸胶印机印刷速度：单幅机＞65000 对开张/小时，双幅机＞140000 对开张/小时（印刷速度指单纸路、单幅的印刷张数），幅宽≥787mm
B79	84431100	商用卷筒纸胶印机：印刷速度单转筒＞45000 对开张/小时（印刷速度指单纸路、单幅的印刷张数），幅宽≥880mm
B80	84431200 844313	单张纸胶印机：对开单张纸单面多色胶印机速度＞16000 张/小时，纸张尺寸≥720×1020mm；对开单张纸双面多色胶印机：速度＞13000 张/小时，纸张尺寸≥720×1020mm；全张及超全张单张纸单面多色胶印机速度＞13000 张/小时，纸张尺寸≥1000×1400mm；上述均为四色及四色以上
B81	844130 844140 844180	瓦楞板生产设备：速度＞140m/min，板宽＞2.2m，七层以上
B82	8444	氟聚合物聚合反应器及后处理关键设备、挤出加工设备（包括微米级粉碎、高效洗涤、脱水、连续干燥、挤膜、1600mm 以上双向拉伸、浸渍、烘烤等）

续表

序　号	商品编码	商　品　名　称
B83	90248000	聚合物序列结构测试表征仪器
B84	84198990	20万吨/年以上乙烯氧氯化法VCM关键设备（氯化反应器、氧氯化反应器、裂解炉等）
B85	84193990	分散聚四氟乙烯连续密闭式干燥设备
B86	38011000	高温碳化炉用人造石墨板、石墨保温硬毡
B87	84248100	喷灌设备：配套电机 >45KW
B88	84335920	采棉机用采棉头
B89	90314990	二代、三代热成像仪
B90	8461 8463 8475	陶瓷金属卤化物灯生产设备
B91		力反馈器（PHANTOM）
B92	8517	VR平台（Freeform）
B93	87059080	石油测井车：测井深度 >7000m
B94	87059080	混砂车：输砂量 >$20m^3$/min
B95	87059080	压裂车：工作压力 >140MPA
B96	90221910	低剂量X射线安全检查设备：X射线发生器管电压 >420KV
B97	90268000	其他检测液体或气体变化量的仪器及装置：三通道以上的超声流量计与物位仪表
B98	90272020	电泳仪
B99	90278019	其他质谱仪（除BOD/COD/TOC水质多参数检测仪器）
B100	90301000	离子射线的测量或检验仪器及装置
B101	90159000	测井仪用中子发生器
B102	90158000	地震仪：25000道以上，24BIT
B103	90158000	磁力仪：测量范围25000—80000nT，测量精度±0.2nT，分辨率0.02nT，梯度范围5000nT/m，存贮数据25000个以上读数
B104	90314100	制造半导体器件时检验半导体晶片、元器件或检测光掩模及光栅用的光学仪器
B105		光刻机、刻蚀机、气相沉淀、离子注入、金属沉淀等集成电路芯片制造设备和仪器
B106		TFT-LCD、PDP、OLED面板生产用专用设备和仪器
B107		片式元件、新型电力电子器件、半导体照明等专用设备和仪器

续表

序　号	商品编码	商　品　名　称
B108	90262090 90272019	致密岩石渗透率测试仪器：测试精度 10－3－10－9md
B109	90318020	三坐标测量机：X、Y、Z〉3000x3000x2000mm，单轴精度＜（1＋L/400）μm，空间精度＜（1.2＋L/300）μm，探测精度＜1μm
B110	90318090	三维扫描仪（3DSS）
B111	85142000	工业或实验用感应或介质损耗工作的炉及烘箱：炉膛容量＞100t
B112		行列式制瓶机：1、电子伺服驱动八组三滴料及其以上；2、电子伺服驱动十组双滴料及其以上；3、小口吹压（NNPB）设备
B113	84741000	碎玻璃分选设备：处理能力≥12T/h；剔除物/破碎玻璃处理量≥1%；处理后碎玻璃质量要求：磁性金属杂质≤0.1%，非磁性金属杂质≤2 颗/25kg，石英、陶瓷、沙子等杂质≤1 颗/25kg（杂质 Φ＞2.5mm 的）且≤4 颗/25kg（杂质 Φ＞0.9mm 的）
B114	84752919	玻璃热加工设备：玻璃器皿压吹生产设备（机速≥35 个/分钟，16 工位以上）；高脚杯挺焊接拉伸机（机速≥35 个/分钟，48 工位以上）；激光爆口机（机速≥35 个/分钟，36 工位以上）
B115	84391000 84399100	大型化学机械浆：年产 10 万吨以上；制浆设备和高速造纸机：工作车速 1000m/min 以上
B116	84798990 84642010 84659300	数控自由曲面车房设备：内渐近镜片粗、精磨机
B117	84798990	全自动镀膜设备：用于树脂镜片专用镀膜
B118	90318090	高折射的镜片材料研发、检测设备：光谱分析设备、光谱反射检测设备
B119	85433000	阴阳极制造机（大型、自动化程度高、湿法冶金电积设备）
B120		直接法长纤维增强热塑性复合材料生产线
B121		大型摩擦密封材料关键生产设备
B122		大型摩擦密封材料测试设备
B123		浮法玻璃熔窑全氧燃烧装备
B124	84186990	连续冻干设备
B125	84798940	全自动包裹、文件分拣机：速度≥2.6m/s
船舶制造用关键件		
B126	84871000	超大型螺旋桨
B127	85015300	推进电动机
B128	85372090	推进系统控制单元

续表

序号	商品编码	商品名称
B129	85021310 85021320 85021200	主发电机组
B130	85021200	应急发电机组
B131	84148090	空压机
B132	84211990	分油机
B133	8413	机舱泵
B134	85371090	锅炉燃烧器自动控制部分
飞机制造用关键件		
B135		发动机系统
B136		航电系统
B137		主飞控系统
B138		电源系统
B139		起落架系统
B140		燃油系统
B141		辅助动力装置
B142		防火系统
B143		液压系统
汽车整车和关键总成设计、试验装置		
B144	90312000	汽车零部件性能试验装置（制动器系统试验台、转向器系统试验台、汽车热平衡系统匹配试验台、喷油系统综合性能试验台等）
B145	90248000 90241010	汽车非金属材料性能试验装置（皮带性能试验台、燃油管、水管性能试验台等）
B146	90312000	汽车动力总成试验装置（自动变速箱试验台、发动机测试试验台等）
B147	90312000	汽车底盘系统试验装置（悬挂测试系统试验台等）
B148	90312000	汽车整车试验台（背景空气处理试验台；整车匹配、性能、排放、耐久性能试验台；整车环境模拟试验装置；道路模拟试验台等）
B149	90308990 90312000	汽车主被动安全试验装置（车碰撞牵引试验装置、台车模拟试验台、运动图像采集分析系统、行人保护试验台、车载数据采集系统等）
B150	90308990 90312000 90318090	汽车电子试验装置（EMC 测试系统、整车及发动机变速箱硬件在环仿真系统、VCT 标定试验台、GDI 泵嘴流量特性标定试验台等）

续表

序 号	商品编码	商 品 名 称
B151	90312000	汽车动力性试验装置（混合动力试验台等）
B152	90271000 90318090	汽车尾气排放测试转鼓：THC/NOx/CH4 分析单元的最小量程 1ppm，测试欧 5/6 排放法规
B153	903040 903120 903180	NVH 分析和试验装置

三、鼓励发展的重点行业

序 号	行 业 名 称
C1	电子专用设备、仪器制造项目
C2	大型、精密模具及汽车模具设计与制造项目
C3	整体煤气化燃气—蒸汽联合循环机组设备制造
C4	重大工程自动化控制系统（含集散型控制系统）和关键精密测试仪器开发及制造
C5	40 万千瓦级以上燃气、蒸汽联合循环设备制造
C6	500 千伏及以上超高压交、直流输变电成套设备制造
C7	清洁能源发电设备及制造（核电、太阳能、潮汐等）
C8	低温核供热堆、快中子增殖堆、聚变堆、先进研究堆、高温气冷堆
C9	100 万吨/年及以上乙烯成套设备制造技术开发及应用
C10	500 万吨/年及以上矿井综合采掘、装运成套设备及大型煤矿洗选机械设备制造
C11	2000 万吨级/年及以上大型露天矿成套设备制造
C12	双离合器自动变速箱制造
C13	汽车重要部件的精密锻压、多工位压力成型及铸造
C14	车用柴油发动机共轨系统开发制造
C15	新能源汽车专用零部件开发及制造
C16	船用动力系统、电站、特辅机制造
C17	大型远洋渔船及海上钻井船、钻采平台等海洋工程装备设计制造
C18	大功率交流传动机车、动车组、高原机车、机车车辆救援设备制造及技术开发
C19	交流传动核心元器件制造（含 IGCT、IGBT 元器件）
C20	数控机床关键零部件及刀具制造
C21	三轴以上联动的高速、精密数控机床，数控系统及交流伺服装置、直线电机制造
C22	集散型（DCS）控制系统及智能化现场仪表开发及制造
C23	核分析、核探测仪器仪表制造

续表

序号	行业名称
C24	海水淡化和海水直接利用
C25	放射性废物及其他危险废物安全处置技术及设备
C26	高效、低能耗污水处理与再生技术开发及设备制造
C27	新型电子元器件（片式元器件、频率元器件、混合集成电路、电力电子器件、光电子器件、敏感元器件及传感器、新型机电元件、高密度印刷电路板和柔性电路板等）制造
C28	大中型电子计算机及高性能微机、服务器设备制造
C29	大规模集成电路设计、制造、封装测试
C30	电子专用材料制造
C31	8 英寸及以上单晶硅、多晶硅及硅片制造
C32	卫星通信系统、地球站设备制造及建设
C33	数据通信网设备制造
C34	宽带网络设备制造
C35	PDP、OLED、TFT－LCD 显示器件制造
C36	航空发动机开发制造
C37	航空电子、机载设备系统开发制造
C38	航空航天用燃气轮机制造
C39	高性能核燃料元件制造项目
C40	高技术绿色电池产品制造（无汞碱锰电池、氢镍电池、锂离子电池、高容量密封型免维护铅酸蓄电池、燃料电池、锌空气电池、太阳能电池）
C41	基于物联网技术的制造企业高效、高密度智能仓储系统开发和建设项目
C42	医药生物工程新技术、新产品开发
C43	稀有、稀土金属深加工及其应用
C44	国家级工程（技术）研究中心、国家认定的企业技术中心、重点实验室、工程实验室、高新技术创业服务中心、新产品开发设计中心、科研中试基地、实验基地建设
C45	牛羊胚胎（体内）及精液工厂化生产项目

四、资源性产品、原材料

序号	商品编码	商品名称
D1	26040000	镍矿砂及其精矿
D2	26100000	铬矿砂及其精矿
D3	26140000	钛矿砂及其精矿

续表

序　号	商品编码	商　品　名　称
D4	26159010 26159090	铌矿砂及其精矿
D5	26159010 26159090	钽矿砂及其精矿
D6	26030000	铜精矿：铜含量≥20%
D7	26070000	铅精矿：铅含量≥55%
D8	26080000	锌精矿：锌含量≥40%
D9	26050000	钴精矿：钴含量≥6%
D10	26131000	钼精矿：钼含量≥51%
D11	26171000	锑精矿：锑含量≥30%
D12	72026000	镍铁
D13		聚亚酰胺（简称 P84）颗粒
D14	28441000	天然铀

附件 2

企业贴息资金申报说明

申请企业名称			
法定代表人姓名		企业注册地	省　　市
通讯地址		邮政编码	

申请人郑重声明如下：

1. 申请人共上报申报文件资料　　页；
2. 申请人依法注册，具有独立法人资格，并合法经营；
3. 申请人申报的所有文件、单证和资料是准确、真实、完整和有效的；
4. 申请人申报的所有复印件均与原件核对，完全一致；
5. 申请人承诺接受有关主管部门为审核本申请而进行的必要核查。

申请企业法定代表人或授权人：（签名）

申请企业盖章：

日期：　　年　月　日

银行账户账号		银行账户户名	
开户银行名称		开户行地址	
企业联系人		联系电话	
电子邮件		移动电话	
联系传真			

说明：

1. 申请企业法定代表人或授权人签名栏必须手签，使用名章无效；
2. 若由授权人签署，须提交由法定代表人手签并加盖公司印章的授权书原件；
3. 银行账户信息必须为公司账户，用于拨付贴息资金，务必正确填写。

附件3

（　　）年进口贴息资金申请表

申请企业：

<table>
<tr><td rowspan="2">序号</td><td rowspan="2">海关报关单号/技术合同号</td><td colspan="3">进口商品/技术</td><td rowspan="2">实际进口额（美元）</td><td rowspan="2">备　注</td></tr>
<tr><td>商品税号/技术目录编号</td><td>商品名称/技术合同名称</td><td>商品技术规格</td></tr>
<tr><td></td><td></td><td></td><td></td><td></td><td></td><td></td></tr>
<tr><td></td><td></td><td></td><td></td><td></td><td></td><td></td></tr>
<tr><td></td><td></td><td></td><td></td><td></td><td></td><td></td></tr>
<tr><td></td><td></td><td></td><td></td><td></td><td></td><td></td></tr>
<tr><td></td><td></td><td></td><td></td><td></td><td></td><td></td></tr>
<tr><td></td><td></td><td></td><td></td><td></td><td></td><td></td></tr>
<tr><td></td><td></td><td></td><td></td><td></td><td></td><td></td></tr>
<tr><td>总计</td><td></td><td></td><td></td><td></td><td></td><td></td></tr>
<tr><td colspan="3">省、自治区、直辖市、计划单列市商务厅（委、局）、中央管理企业意见：

（盖章）
年　月　日</td><td colspan="4">省、自治区、直辖市、计划单列市财政厅（局）意见：

（盖章）
年　月　日</td></tr>
</table>

企业联系人：　　　　　　　　　　　　联系电话：

出口技术贴息资金

一、政策依据

《关于做好2011年度技术出口贴息资金申报工作的通知》（财企［2011］51号）。

二、支持内容和标准

1. 贴息支持的技术是指专利权转让、专利申请权转让、专利实施许可、专有技术转让或许可、技术服务、软件技术及相关信息服务出口。不包括《中国禁止出口限制出口技术目录》所列的出口技术。

2. 以技术出口的收汇金额乘以人民币汇率作为计算贴息的本金。

3. 贴息率不高于贴息清算时中国人民银行公布的最近一期人民币一年期贷款利率。

4. 财政部和商务部在年度贴息资金总额内确定贴息系数，核定贴息金额。同一企业最高支持额不超过500万元。

三、申报条件

1. 在商务部“技术进出口信息管理系统”上登记过上年实际出口额的技术出口企业，或是在商务部“服务外包及软件出口信息管理系统”中登记过上年实际出口额的软件及相关信息服务出口企业。

2. 申请单位近三年内无违法违规行为，未拖欠应缴还的财政性资金。

3. 申请贴息的技术出口在上年1月1日至12月31日期间取得银行出具的收汇凭证，且收汇额在10万美元以上（含10万美元）。

4. 技术出口未列入其他贴息计划，对有重复申请的，本年度不予贴息。

四、申报材料

1. 企业法定代表人签字的贴息资金申请报告，内容包括企业基本情况、出口技术概要等，以及申报说明（见附件1）。

2.《技术出口贴息资金申请表》（见附件2）及电子数据（收汇凭证以非美元作为计价币种的，应将出口额折成美元，折算率使用国家外汇管理局公布的上年第12期“各种货币对美元折算率表”汇率）。

3.“软件及相关信息服务出口贴息资金申请表”（见附件4）及电子数据。

4. 企业营业执照。

5. 技术出口合同或软件及相关信息服务出口合同。

6. 银行出具的收汇凭证。

7. 涉外收入申报单。

8. 技术出口合同登记证书和技术出口合同数据表。

9. 软件出口提供软件出口合同登记证书。

10. 涉及专利权转让的单位需提供著录项目变更手续合格通知书。

以上材料均需加盖企业公章，4至10项可提供复印件。

五、申报程序

1. 地方企业按照规定准备申报材料（一式三份），加盖企业公章后，提交到所在省、自治区、直辖市、计划单列市、新疆生产建设兵团财政主管部门（一式一份）和商务主管部门（一式两份）。中央管理企业集团所属企业，将申报材料（一式两份）提交到集团。

2. 各地财政和商务主管部门、中央管理企业按要求对企业申报的书面材料和电子数据进行审核，审核汇总后的书面材料应与实际报送的资金申请汇总表中的内容一致，并按顺序排列装订。

3. 各地财政和商务主管部门、中央管理企业向财政部（企业司）、商务部（财务司、服务贸易司）报送本地区或本系统企业贴息资金申请文件、“技术出口贴息资金申请汇总表”（详见附件3）和“软件及相关信息服务出口贴息资金申请汇总表”（详见附件5）及其电子数据。

企业按规定申报的详细材料（一式一份）由各地财政和商务主管部门、中央管理企业报送至商务部（服务贸易司）。

六、说明事项

申请报告应说明本企业近三年有无违法违规行为、是否拖欠政府性资金、该项目是否享受其他财政资助等情况（以上情况，如无也要在报告中写明没有此类情况）。

附件 1

企业贴息资金申报说明
（使用 Word 格式）

<table>
<tr><td>申请企业名称</td><td colspan="3"></td></tr>
<tr><td>法定代表人姓名</td><td></td><td>企业注册地</td><td>省　　市</td></tr>
<tr><td>通讯地址</td><td></td><td>邮政编码</td><td></td></tr>
<tr><td colspan="4">申请人郑重声明如下：
1. 申请人共上报申报文件资料　　页；
2. 申请人依法注册，具有独立法人资格，并合法经营；
3. 申请人申报的所有文件、单证和资料是准确、真实、完整和有效的；
4. 申请人申报的所有复印件均与原件核对，完全一致；
5. 申请人承诺接受有关主管部门为审核本申请而进行的必要核查。

申请企业法定代表人或授权人：（签名）

申请企业盖章：

日期：　　年　月　日</td></tr>
<tr><td>银行账户账号</td><td></td><td>银行账户户名</td><td></td></tr>
<tr><td>开户银行名称</td><td></td><td>开户行地址</td><td></td></tr>
<tr><td>企业联系人</td><td></td><td>联系电话</td><td></td></tr>
<tr><td>电子邮件</td><td></td><td>移动电话</td><td></td></tr>
<tr><td>联系传真</td><td></td><td></td><td></td></tr>
</table>

备注：

1. 申请企业法定代表人或授权人签名栏必须手签，使用名章无效；
2. 若由授权人签署，须提交由法定代表人手签并加盖公司印章的授权书原件；
3. 银行账户信息必须为公司账户，用于拨付贴息资金，务必正确填写。

附件 2

2010 年度技术出口贴息资金申请表
（使用 Excel 格式）

申请企业：

<table>
<tr><td>序号</td><td>技术出口合同登记证书号</td><td>技术出口合同号</td><td>技术出口合同名称</td><td>合同金额（美元）</td><td>2009 年实际出口额（美元）</td><td>备注</td></tr>
<tr><td></td><td></td><td></td><td></td><td></td><td></td><td></td></tr>
<tr><td></td><td></td><td></td><td></td><td></td><td></td><td></td></tr>
<tr><td>合计</td><td></td><td></td><td></td><td></td><td></td><td></td></tr>
<tr><td colspan="3">省、自治区、直辖市、计划单列市商务厅（委、局）、中央管理企业意见：

（盖章）
年　月　日</td><td colspan="4">省、自治区、直辖市、计划单列市财政厅（局）意见：

（盖章）
年　月　日</td></tr>
</table>

企业联系人：　　　　　　　　　　　　联系电话：

附件3

2010年度技术出口贴息资金申请汇总表
（使用Excel格式）

地区（中央管理企业）：

序号	企业名称	技术出口合同份数	技术出口合同总金额	实际出口总额（美元）	备注
总计					

商务部门联系人：　　　　联系电话：

财政部门联系人：　　　　联系电话：

附件 4

2010 年度软件及相关信息服务出口贴息资金申请表
(使用 Excel 格式)

申请企业:

序号	软件及相关信息服务出口合同号	软件及相关信息服务出口合同名称	合同金额(美元)	2009 年实际出口额(美元)	备注
合计					

省、自治区、直辖市、计划单列市商务厅(委、局),中央管理企业意见: (盖章) 年 月 日	省、自治区、直辖市、计划单列市财政厅(局)意见: (盖章) 年 月 日

企业联系人: 联系电话:

附件5

2010年度软件及相关信息服务出口贴息资金申请汇总表
（使用Excel格式）

地区（中央管理企业）：

序号	企业名称	合同份数	合同总金额（美元）	实际出口总金额（美元）	备　注
总计					

商务部门联系人：　　　　　　联系电话：

财政部门联系人：　　　　　　联系电话：

技术更新改造项目贷款贴息资金

一、政策依据

《技术更新改造项目贷款贴息资金管理办法》（对外贸易经济合作部 2002 年第 26 号令）。

二、支持内容和标准

1. 高新技术产品研究开发项目。
2. 节能降耗、减少污染、促进环境保护的项目。
3. 提高产品质量和档次、增加品种规格、增强市场竞争力的项目。
4. 推动产品结构调整的项目。

贷款项目的贴息率最高不超过该项目当期的银行贷款利率，贴息期限最多不超过 3 年。

三、申报条件

1. 项目贷款经国家商业银行或政策性银行批准同意，企业与承贷银行已签订贷款合同。

2. 项目竣工后，按规定经项目立项审批部门或项目立项主管部门验收合格。

3. 项目在合理工期内竣工。

4. 项目投资决算不超过概算的 20%。

5. 项目未列入其他贴息计划。

四、申报材料

企业申请贴息的项目应提供以下材料：

1. “技术更新改造项目贷款贴息资金申请表”（见附件1）。

2. 项目可行性研究报告及项目立项审批部门对项目可行性研究报告的批复文件或项目立项主管部门对项目的备案许可。

3. 项目竣工验收报告及项目立项审批部门或项目立项主管部门对项目竣工验收报告的批复文件。

4. 承贷银行出具的项目贷款合同及合同项下的借据和利息结算清单。

五、申报程序

各省、自治区、直辖市及计划单列市外经贸厅（委、局）和财政厅（局）对地方管理企业申请贴息的项目进行联合审核汇总后申报；中央管理企业直接申报。

申报贴息的项目文件应于每年9月1日前提交外经贸部和财政部。包括：

1. 贴息资金申请报告。

2. “技术更新改造项目贷款贴息资金申请汇总表”（见附件2）。

3. 其他规定的有关材料。

外经贸部和财政部应组织专家对申请贴息的项目进行审核后下达贴息资金。中央管理企业的贴息资金由财政部直接拨付；地方管理企业的贴息资金由财政部拨付地方财政部门并通过其转拨。每年12月31日前应将贴息资金下达到项目承担单位。企业收到贴息资金后，应按照国家有关规定进行财务处理。

六、说明事项

对借款单位逾期不归还银行贷款所产生的逾期贷款利息、加息、罚息，不予贴息。

附件 1

________年技术更新改造项目贷款贴息资金申请表

省（部门）：　　　　　　　　　　　　经办银行盖章：　　　　　　　　　　　　单位：万元

企业名称	隶属关系	企业开户银行	银行账号	项目内容	贷款下达文号	计划总投资		实际总投资	实际到位贷款总额	已付银行利息	申请补贴利息	备注
						合计	其中：技术更新改造贷款总额					

省、自治区、直辖市、计划单列市外经贸厅（委、局）意见：	（盖章） 年　月　日	省、自治区、直辖市、计划单列市财政厅（局）意见：	（盖章） 年 月 日

企业联系电话：　　　　　　　　　　　　　　联系人：

附件2

________年技术更新改造项目贷款贴息资金申请汇总表

省（部门）：　　　　　　　　　　　　　　　　　　　　单位：万元

序号	企业名称	隶属关系	企业开户银行	银行账号	项目内容	贷款下达文号	计划总投资		实际总投资	实际到位贷款总额	已付银行利息	申请补贴利息	备注
							合计	其中：技术更新改造贷款总额					
总计													

外经贸部门联系电话：　　　　　　　　　　联系人：

财政部门联系电话：　　　　　　　　　　　联系人：

出口产品研究开发资金

一、政策依据

《出口产品研究开发资金管理办法》（外经贸计财发［2002］527号）。

二、支持内容和标准

项目费：指主要用于企业研究开发及中试阶段的必要费用。一般包括：人工费、设备费、燃料动力费、租赁费、试验费、材料费、委托开发费、鉴定验收费等。

出口研发项目的资助金额不超过项目研究开发总费用的50%，且最高不超过200万元人民币。

三、申报条件

（一）申请出口研发资金的企业应具备的条件

1. 在中华人民共和国境内注册，具有独立法人资格。
2. 必要的项目研发设备及专业技术人员。
3. 资产负债率原则上不得超过70%。
4. 健全的财务核算与管理体系。
5. 其他应具备的条件。

（二）申请出口研发资金的项目应具备的条件

1. 符合国家产业发展规划和产业技术政策。
2. 技术创新性较强且处于国内领先水平。
3. 产品有较强的国际市场竞争力和出口前景。
4. 产品有较好的经济效益和社会效益。
5. 符合国家新型工业化政策。
6. 其他应具备的条件。

（三）出口研发资金资助的企业或项目

1. 海关统计的上年度出口额占销售收入总额50%以上或出口额超过1500万美元的企业。

2. 通过ISO9000质量管理体系、ISO14000环境管理体系和产品的质量、安全、卫生等体系认证的企业。

3. 国家和省级高新技术（出口）企业。

4. 在研发技术领域已取得相关科研成果的企业。

5. 具有自主知识产权的企业。

6. 产、学、研、贸联合研发的项目。

7. 国际招标中标的出口研发项目。

四、申报材料

企业申请出口研发资金项目时应提供以下材料：

1. 出口研发资金项目申请报告。
2. 《出口产品研究开发资金项目申请书》。
3. 出口产品开发项目可行性研究报告。
4. 企业法人营业执照副本（复印件）。
5. 经会计师事务所审计的企业上年度的会计报表。
6. 与出口研发资金项目有关的其他材料。

五、申报程序

1. 地方企业通过省、自治区、直辖市、计划单列市商务部门和财政部门，中央企业通过集团母公司于每年4月30日前联合向商务部和财政部申报。

2. 商务部和财政部委托有资格的中介机构对项目进行评估，或组织专家对项目进行评审，并审核确定出口研发资金的资助项目和资助金额。

3. 财政部门凭项目申请企业提交的资金拨付申请报告、项目批准文件及出口研发资金使用承诺书预拨60%的资助资金；项目完成后，财政部门根据商务部门组织的项目验收报告、企业提交的资金拨付申请报告及《出口产品研究开发资金拨付申请表》，将剩余资助资金拨至项目申请企业。

六、说明事项

因市场发生重大变化等原因造成项目无法实施的或中途终止实施的，项目申请企业必须提供经注册会计师审计的项目经费支出报告，报商务部门和财政部门核批，并将剩余的项目资助资金如数上缴财政部门。

农轻纺产品贸易促进资金

一、政策依据

《农轻纺产品贸易促进资金暂行管理办法》（商规发［2005］507 号）。

二、支持内容和标准

农轻纺资金的支持对象为企业和出口行业组织。

1. 农产品：获得国际通行的产品和体系认证、有机认证；建立质量溯源体系；出口农产品行业标识、原产地标记注册的推广。

2. 轻工产品：制定行业出口中长期发展规划；制定、推广行业操作规范和行业标识；获得国际通行的质量体系认证；新技术、新设计、新营销理念培训与交流。

3. 纺织品：多（双）边政府对话、国际交流与合作；节能降耗、产业集群区能源综合利用等项目立项的前期扶持；绿色产品的推广；技术交流与服装设计的促进。

4. 中、西部和东北地区的资助比例不超过项目实际投资金额的 70%；其他地区的资助比例不超过 50%。每个行业公共技术平台资助项目的资助资金不超过 200 万元，每个出口农产品质量可追溯体系项目的资助资金不超过 100 万元。

三、申报条件

申请资金须符合以下条件：

1. 在中国境内注册，具有企业法人资格，且依法备案登记的对外贸易经营者，或者是具有我国境内的社团法人资格的出口行业组织。

2. 有独立、健全的财务核算和管理制度，财务状况良好。

3. 近3年来在对外贸易活动中无严重违法违规行为。

4. 出口行业组织：近3年主办或承办过全国性或国际性行业展览会、研讨会、培训等活动。

5. 申请轻工产品资金，还须同时符合下列条件：

（1）企业：拥有自主知识产权和国（境）外注册的自有品牌；遵守国家相关法律法规，按规定缴纳职工社会养老保险、失业保险和医疗保险。

（2）出口行业组织：会员企业数量超过1000家。

6. 申请纺织品资金，还须同时符合下列条件：

（1）企业：在过去3年中有新产品研发项目，所申请项目有一定的独创性；在过去3年中承担过国家级或省部级的科研项目。

（2）出口行业组织：在纺织行业内有一定的影响力和号召力，且会员单位不少于500家。

四、申报材料

1. 年度农轻纺产品贸易促进资金项目申请书，应包括企业的基本情况，如申请行业公共技术平台资助，应提供申请单位目前的服务对象范围，现有服务项目和产品，实施本项目后预期的服务情况、可达到的目标和效果以及是否申请、享受同类中央财政资金资助等；如申请建立出口农产品质量可追溯体系资助，申请单位应提供生产加工及出口情况，出口农产品质量可追溯体系建立的基本情况（管理方式、基地建设、注册备案、认证、实验室、对出口的影响）及下一步规划和目标等。

2. 申请单位所取得的有关认证认可文件。

3. 申请单位法人营业执照副本复印件。

4. 申请单位的《对外贸易经营备案登记表》（复印件）。

5. 经中介机构审计的年度财务报告。

6. 项目资金实际支付凭证。

7. 其他需要提供的申请证明材料。

以上申请材料用A4纸打印，按顺序于左侧装订成册，连同电子文档（光盘形式）一同报送。具体申报材料格式在商务部网站外贸司子站下载。

五、申报程序

1. 商务部会同财政部发布申报指南。

2. 地方企业、地区出口行业组织根据申报指南向省级（各省、自治区、直辖市、计划单列市及新疆生产建设兵团，下同）商务主管部门和财政主管部门提出申请。省级商务主管部门根据本办法的规定对申请项目初审后，会商同级财政部门联合上报商务部、财政部。

3. 中央企业及其直属单位、全国性出口行业组织根据申报指南直接向商务部、财政部提出申请。

4. 商务部会同财政部组织专家对申请项目进行评审，根据评审结果和申报项目的排序确定支持项目和支持金额。

5. 财政部门按照财政国库管理制度规定拨付相关资金。

六、说明事项

1. 地方单位执行完毕的项目，由省级商务主管部门组织验收合格后，报同级财政部门审核拨付资助资金。

2. 中央单位执行完毕的项目，由外贸发展事务局组织验收合格并经商务部审核后，报请财政部审定拨付资助资金。

承接国际服务外包业务发展资金

一、政策依据

《财政部　商务部关于做好2011年度承接国际服务外包业务发展资金管理工作的通知》(财企［2011］69号)

二、支持内容和标准

1. 服务外包企业每新录用1名大学（含大专）以上学历员工从事服务外包工作并签订1年（含1年）以上劳动合同的，给予企业每人不超过4500元的定额培训支持（定向用于上述人员的培训）。

2. 服务外包培训机构培训的从事服务外包业务人才（大专以上学历），通过服务外包业务知识和技能培训考核，并与服务外包企业签订1年以上劳动合同的，给予培训机构每人不超过500元的定额培训支持。

3. 对服务外包企业取得的开发能力成熟度模型集成（CMMI）、开发能力成熟度模型（CMM）、人力资源成熟度模型（PCMM）、信息安全管理（ISO27001/BS7799）、IT服务管理（ISO20000）、服务提供商环境安全性（SAS70）、国际实验动物评估和认可委员会认证（AAALAC）、优良实验室规范（GLP）、信息技术基础架构库认证（ITIL）、客户服务中心认证（COPC）、环球同业银行金融电讯协会认证（SWIFT）等相关认证及认证的系列维护、升级给予支持，每个企业每年最多可申报3个认证项目，每个项目不超过50万元的资金支持。

三、申报条件

（一）服务外包企业必须具备的条件

1. 在中国境内注册、具有企业法人资格、依法备案登记的对外贸易经营者，且如实填报《服务外包统计报表制度》中规定的报表。

2. 近两年在进出口业务管理、财务管理、税收管理、外汇管理、海关管理等方面无违法行为。

3. 已与服务外包发包商签订中长期提供服务外包业务合同，企业2009年提供服务外包业务额不低于50万美元，其中向境外最终客户提供服务外包业务额占50%以上。

4. 具有服务外包承接能力及服务外包市场开拓和项目管理人员，大学（含大专）毕业及以上学历的占员工总数70%以上。

（二）培训机构必须具备的条件

1. 具有服务外包人才培训的从业资格。
2. 具有符合条件的场地、设施、专业教材和师资力量。
3. 具有为服务外包企业提供定制培训的经验。
4. 具有健全的财务制度和合格的财务管理人员。
5. 所申报的培训项目原则上为非营利培训。
6. 上年度培训机构无虚报、瞒报等违规行为。

四、申报材料

（一）服务外包企业申请人才培训资金需提供的材料

1. “服务外包人才培训资金补助申请表”（网站自动生成，见附件1）。
2. 录用人员身份证明及大专以上学历证明复印件。
3. 被录用人员与服务外包企业签订的1年以上的劳动合同复印件。

4. 服务外包业务额不低于50万美元的凭证复印件。

5. 服务外包企业向境外最终客户提供服务外包业务额占50%以上的业务凭证复印件。

（二）培训机构申请资金需提供的材料

1. “服务外包人才培训资金补助申请表”（网站自动生成，见附件1）。

2. 录用人员身份证明及大专以上学历证明复印件。

3. 被录用人员与符合资金申报条件的服务外包企业签订的1年以上的劳动合同复印件。

4. 有关部门提供的依法从业资格证明。

5. 每期项目的培训方案及课程安排。

6. 出具为服务外包企业提供定制培训的材料（含培训机构与服务外包企业签订的定制培训协议）。

7. 培训机构颁发被培训人员专业知识和技能培训考核合格证书复印件。

8. 被培训人员的培训费用缴费凭证复印件。

9. 每期培训项目成本、收费标准等明细情况。

10. 经省级（含服务外包示范城市）商务主管部门备案的培训机构的证明（下半年申报时提供）。

（三）服务外包企业申请国际认证补助资金需提供的材料

1. 企业获得国际资质认证证书复印件。

2. 企业与相关国际认证评估顾问公司签订的合同协议复印件。

3. 企业缴纳认证费用凭证的复印件（包括认证费用发票和相对应的银行出具的支付凭证）。

（四）申报服务外包公共平台支持资金的示范城市需提供的材料

1. 服务外包公共平台支持资金的申请文件。

2. 本地区服务外包公共平台资金具体管理和使用办法。

五、申报程序

1. 企业申报。申报企业指定专人登录商务部“服务外包及软件出口信息管理系统”（www. fwwb. gov. cn）网站，可随时直接向商务部和所在城市商务主管部门同时填报申报材料。企业应指派专门申报员申报，并指派企业相关负责人核定签字，方可网络传输上报。同时，将电子材料汇总后编制申报情况汇总表及明细表，编制索引（即将申报的材料与明细表对应编制索引），并将填报的纸质材料与电子材料核对一致，企业相关负责人签字和加盖公章后报商务、财政主管部门。

2. 省级以下商务、财政主管部门审核。省级以下商务主管部门指派专人受理申报单位的电子和纸质材料，进行对照审核，形成审核记录，报同级财政主管部门审核，并以电子和纸质两种方式上报省级商务主管部门。

3. 省级商务、财政主管部门审定。省级商务主管部门应对上传的电子材料与上报的纸质材料进行对照审定，形成审定记录，由指定的受理人员和商务部门主管领导签字盖章，报同级财政主管部门审定；对最终通过的申报材料进行汇总，编制索引，编写审定情况总结，填写“审定部门意见表”（附件5），由商务主管部门领导签字盖章后，以电子和纸质两种方式上报商务部、财政部。

4. 财政部、商务部聘请中介机构对各地上报的申请进行检查，确定支持金额。

六、说明事项

服务外包业务范围见附件6。

附件 1

服务外包人才培训资金补助申请表

申请单位（服务外包企业/培训机构）：　　　　　　　　　　　　本单位申请表编号：NO.：

<table>
<tr><td rowspan="2">人员基本情况</td><td>姓名</td><td>性别</td><td>出生年月</td><td>身份证号</td><td>毕业院校</td><td>所学专业</td><td>学历</td></tr>
<tr><td></td><td></td><td></td><td></td><td></td><td></td><td></td></tr>
<tr><td rowspan="2">培训情况</td><td colspan="2">培训机构</td><td colspan="2">参加培训项目</td><td colspan="2">培训时间</td><td>培训费用（元）</td></tr>
<tr><td colspan="2"></td><td colspan="2"></td><td colspan="2"></td><td></td></tr>
<tr><td colspan="2">就业单位及性质</td><td colspan="6"></td></tr>
<tr><td>录用人员申明</td><td colspan="7">本人郑重申请：1. 提供的所有材料、单据是准确、真实，完整和有效的；2. 提供的所有复印件均与原件核对，完全一致；3. 承诺接受有关主管部门为审核本申请而进行的必要检查和相关法律责任。

被录用人员（签字）：</td></tr>
<tr><td>外包企业或培训机构的意见</td><td colspan="7">经核对，申请填写的培训情况属实，提供的申请材料符合要求。承诺接受有关主管部门为审核本申请而进行的必要核查和有关法律责任。

企业法人或培训机构法人（签字并盖公章）</td></tr>
</table>

说明：1. 申请单位填写单位全称，并打“√”选择服务外包企业或培训机构。

2. 就业单位性质包括信息技术外包、业务流程外包等。

附件 2

2010 年度服务外包企业录用人员汇总表

编报单位（商务、财政部盖章）：

序号	申请单位全称	录用人员姓名	授训机构或录用企业	身份证号	性别	学历	合同时间（ 年 月 日— 年 月 日）
1	服务外包企业名称		授训机构名称				
2	……		……				
3	……						
…	……		……				
服务外包企业小计			录用企业名称				
1	培训机构名称		……				
2	……						
3	……						
…	……		……				
培训机构小计							
合　　计							

商务部门联系人及电话：　　　　财政部门联系人及电话：

附件3

2010年度服务外包人才培训资助汇总表

编报单位（商务、财政部门盖章）：　　　　金额单位：万元人民币

序号	申请单位全称	服务外包企业实际录用人数	培训费用
服务外包企业小计			
培训机构小计			
合　　计			

商务部门联系人及电话：　　　　财政部门联系人及电话：

附件 4

2010 年度服务外包企业国际认证资助汇总表

编报单位（商务、财政部门盖章）：　　　　　　　　金额单位：万元人民币

序号	申请单位全称	通过认证类别	通过认证时间	认证费用
合　计				

商务部门联系人及电话：　　　　　　　　财政部门联系人及电话：

附件 5

服务外包业务发展资金材料审定部门意见表

经审核，__________ 家企业 __________ 人；__________ 家培训机构 __________ 人；__________家企业 __________ 项国际认证的申请材料符合《财政部商务部关于做好 2010 年支持承接国际服务外包业务资金管理的通知》的要求和条件。

本单位已核对相关上报材料，上述企业和机构上报材料完整、真实、准确。以上保证内容如有不符，将承担相关责任。

省级财政主管部门盖章、负责人签字

省级商务主管部门盖章、负责人签字

附件6

服务外包业务范围

一、信息技术外包服务（ITO）

（一）软件研发及外包

类　别	适用范围
软件研发及开发服务	用于金融、政府、教育、制造业、零售、服务、能源、物流和交通、媒体、电信、公共事业和医疗卫生等行业，为用户的运营/生产/供应链/客户关系/人力资源和财务管理、计算机辅助设计/工程等业务进行软件开发，订制软件开发，嵌入式软件、套装软件开发，系统软件开发软件测试等。
软件技术服务	软件咨询、维护、培训、测试等技术性服务。

（二）信息技术研发服务外包

类　别	适用范围
集成电路设计	集成电路产品设计以及相关技术支持服务等。
提供电子商务平台	为电子贸易服务提供信息平台等。
测试平台	为软件和集成电路的开发运用提供测试平台。

（三）信息系统运营维护外包

类　别	适用范围
信息系统运营和维护服务	客户内部信息系统集成、网络管理、桌面管理与维护服务；信息工程、地理信息系统、远程维护等信息系统应用服务。
基础信息技术服务	基础信息技术管理平台整合等基础信息技术服务（IT基础设施管理、数据中心、托管中心、安全服务、通讯服务等）。

二、技术性业务流程外包服务（BPO）

类　别	适用范围
企业业务流程设计服务	为客户企业提供内部管理、业务运作流程设计服务。
企业内部管理数据库服务	为客户企业提供后台管理、人力资源管理、财务、审计与税务管理、金融支付服务、医疗数据及其他内部管理业务的数据分析、数据挖掘、数据管理、数据使用的服务；承接客户专业数据处理、分析和整合服务。
企业运营数据库服务	为客户企业提供技术研发服务，为企业经营、销售、产品售后服务提供的应用客户分析、数据库管理等服务，主要包括金融服务业务、政务与教育业务、制造业务和生命科学、零售和批发与运输业务、卫生保健业务、通讯与公共事业业务、呼叫中心等。
企业供应链管理数据库服务	为客户提供采购、物流的整体方案设计及数据库服务。

三、技术性知识流程外包（KPO）

适用范围
知识产权研究、医药和生物技术研发和测试、产品技术研发、工业设计、分析学和数据挖掘、动漫及网游设计研发、教育课件研发、工程设计等领域。

保持外贸稳定增长资金

一、政策依据

《关于做好保持外贸稳定增长有关资金管理的通知》（财企［2009］126号）；各省、自治区、直辖市自行制定的《保持外贸稳定增长资金管理办法》。

二、支持内容和标准

（一）支持企业开拓国际新兴市场

扶持内容主要包括企业和行业组织参加国际展销会（博览会）、业务对接会（推介）、洽谈会的摊位、布展（含特装）、运输、场租费等；企业和行业组织为开拓国际新兴市场发生的市场推广（广告宣传等）；各类产品、体系和资格认证；商标注册；专利申请费及品牌培育活动等。

【扶持标准】 对符合规定的申报单位发生的上述费用给予不超过费用总额70%的支持。

（二）支持建设境外营销网络

1. 营销网络建设费用。包括企业在境外投资设立的贸易公司或销售网点的场地租金（购买场地的，将其折旧额视同租金），支持比例不超过企业实际支付费用的70%，最高不超过50万元。

2. 营销人员保费补助。对于国内派出的境外营销人员的人身意外伤害保险费给予全额补助。

（三）促进出口结构调整

1. 出口基地建设。对获得国家汽车出口基地、国家科技兴贸创新基地称号及经省财政厅和省商务厅共同认定的机电、高新技术、农轻纺等出口基地称号1年以上（含1年）的给予一次性“先建后补”费用支持。其中，国家级基地不超过300万元，省级不超过100万元，用于基地前期建设补助和日常管理、宣传、推广、招商引资等。

2. 公共服务平台建设。具体包括搭建和完善信息服务、出口产品认证、研发、试验检测、培训和国际孵化器，以及在重点行业和领域建立研发中心、技术标准制定和认证中心、测试验证中心公共服务平台。每个国家级基地内的公共服务平台支持不超过300万元，省级基地内的公共服务平台不超过100万元，基地外平台申报促进出口结构调整资金的项目不超过50万元。

3. 国家鼓励发展重点机电和高新技术行业及农轻纺行业的出口产品共性技术研发。具体包括：飞机及航空设备、船舶及船用设备、铁路机车、汽车及零部件、机床、工程及农业机械、集成电路、通信设备和电力、冶金和石化成套设备、新一代通信产品、数字化家电和视听设备、计算机网络、生物医药、新能源、农轻纺新产品开发。每个项目支持不超过300万元。在公共技术研发中发挥特殊作用的企业，给予特殊奖励，奖励额不超过100万元。

4. 对农产品出口企业建立农产品质量可追溯体系（主要包括实验室建设、监控检测设备购置、国家鼓励的进口生产设备等）和农业产业化龙头出口企业的设备更新给予投资额50%以内的资助，单个项目资助金额不超过100万元。

三、申报条件

1. 依法登记注册，具有独立法人资格；具有健全的财务管理制度和良好的财务记录。

2. 已取得国家或省有关部门批准（核准或备案）开展外经外贸业务的书面文件。

3. 无违规违法行为，无拖欠政府性资金行为。

4. 按规定向各级财政部门和商务主管部门报送会计报表和统计资料。

5. 申报企业在境外建设的项目，需经外经贸主管部门批准或备案，且在项目所在国依法注册、登记或备案，项目依法生效。并按照《对外直接投资统计制度》规定报送所开展业务的统计资料。

四、申报材料

（一）申报支持企业开拓国际新兴市场

1. 企业申请报告及开拓国际新兴市场专项资金申请表（详见附表）。

2. 相关费用支出的财务凭证复印件并加盖公章（如为境外发票还需提供银行付汇单）。

3. 项目相关合同及参展通知等复印件。

4. 申请商标注册费、产品、体系、资格认证费、专利申请费、质量认证费的需提供相关注册许可证书、专利证书、认证证书等复印件。

5. 与项目资金申请有关的其他材料。

（二）申报支持建设境外营销网络

1. 企业申请报告及建设境外营销网络专项资金申请表（详见附表）。

2. 境外企业设立批准证书复印件。

3. 境外企业的注册文件复印件。

4. 相关费用的支出发票复印件（需加盖单位公章）。

5. 申请营销网络建设费用补助的需提供营销场地的租赁或购置合同。

6. 与项目资金申请有关的其他材料。

（三）申报促进出口结构调整项目

1. 企业申请报告及促进出口结构调整专项资金申请表（详见附表）。

2. 省级及以上相关部门认定出口基地、公共服务平台的证明材料。

3. 申报单位法人营业执照副本复印件。

4. 经中介机构审计的上年度财务报告。

5. 项目资金实际支出证明材料。

6. 与资金项目有关的其他材料。

五、申报程序

1. 企业通过商务部“外贸发展基金网络报送系统”企业端进行网上注册后，完成网上申报。

2. 同时企业需将项目申报的原始文件材料一式三份按属地原则报送各地方财政局和商务局。各地方财政局、商务局按本办法要求对企业网上申报的项目数据和报送的原始文件材料进行预审，并在企业资金申请表上加盖单位公章后将网上数据及按项目类别分别汇总的文件材料一式两份分别报送省财政厅企业处和省商务厅财务处。

3. 经省财政厅和省商务厅共同评审同意的项目公示后，由省财政厅将资金拨付至项目单位。

六、说明事项

上述支持标准和具体规定为《江苏省保持外贸稳定增长资金管理暂行办法》（苏财规［2009］5号）确定的内容，仅供参考。企业可依据各地《保持外贸稳定增长资金管理办法》进行申请。

附表

________专项资金申请表

<table>
<tr><td colspan="2">申请单位名称</td><td></td><td>单位性质</td><td></td></tr>
<tr><td colspan="2">账号</td><td></td><td>开户行</td><td></td></tr>
<tr><td colspan="2">项目名称</td><td></td><td>实施时间</td><td></td></tr>
<tr><td rowspan="6">项目
费用
情况</td><td>支持内容</td><td>实际发生金额（元）</td><td>申请支持金额（元）</td><td>批准支持金额（元）</td></tr>
<tr><td>1</td><td></td><td></td><td></td></tr>
<tr><td>2</td><td></td><td></td><td></td></tr>
<tr><td>3</td><td></td><td></td><td></td></tr>
<tr><td>4</td><td></td><td></td><td></td></tr>
<tr><td>合计</td><td></td><td></td><td></td></tr>
<tr><td colspan="5">申报材料明细：</td></tr>
<tr><td colspan="5">本企业申请保持外贸稳定增长专项资金　　万元，同时承诺按资金使用范围和有关财务规定使用，并接受财政部门的监督。

法人代表签字：　　　　　　单位公章</td></tr>
<tr><td colspan="3">商务部门审核意见（公章）</td><td colspan="2">财政部门审核意见（公章）</td></tr>
<tr><td>制表人</td><td colspan="2"></td><td>联系电话</td><td></td></tr>
</table>

备注：表头按资金使用方向填：如开拓国际新兴市场专项资金申请表、建设境外营销网络专项资金申请表、促进出口结构调整专项资金申请表。

外经贸区域协调发展促进资金

一、政策依据

《外经贸区域协调发展促进资金管理暂行办法》（财企［2008］118号）。

中、西部和东北地区自行制定的《外经贸区域协调发展促进资金理暂行办法实施细则》。

二、支持内容和标准

（一）支持企业开拓国际市场

1. 境外展览会：对组织或参加境外展览会的展位费、公共布展费给予支持。

2. 境外市场考察：对参加境外市场考察活动的交通费及生活费给予支持。

3. 管理及产品认证：对质量管理体系认证、环境管理体系认证、软件企业的认证和各类产品的认证等发生的认证费用、检验检测费给予支持。

4. 宣传推介：对制作宣传材料、宣传光盘翻译费及制作费用给予支持。

5. 广告（商标）注册：对发生的路牌广告、报刊广告、影视广告的广告费给予支持，对产品商标注册费用给予支持。

（二）支持企业自主创新，提高企业国际竞争力

1. 产品研究开发：对企业为生产产品研究开发所发生的直接费用及管理费给予支持。

2. 产品技术改造贷款贴息：对企业为推动产业升级，进行技术更新改造，向金融机构办理的中短期贷款所支付的利息给予支持。

3. 成套机电产品贸易促进：对企业成套机电设备前期费用给予支持。

4. 产业基地建设：对国家级和自治区级科技兴贸创新基地、国家汽车及零部件生产基地的公共服务平台及骨干企业的技术平台的建设给予支持。

5. 农产品贸易促进：对生产农产品的龙头企业质量追溯体系建设、农产品良种和种苗培育给予支持。

（三）支持进出口结构调整，促进服务贸易发展

1. 服务外包促进：对服务外包企业人员培训、服务外包培训机构、服务外包园区公共培训服务平台和公共信息服务平台建设的设备购置及运营费用给予支持。

2. 企业融资贴息：对企业通过银行办理的对外贸易打包放款、押汇、退税托管贷款、单据质押贷款和商业发票融资等支付银行的利息、费用给予支持。

3. 出口信用保险补助：对企业向信用保险公司缴纳的产品保险保费（包括对外承包工程和贸易风险）给予支持。

4. 担保费补助：对企业向投融资担保公司缴纳的出口融资担保费给予支持。

（四）支持开展对外经济技术合作

1. 区域合作建设：对经商务部立项或列入自治区发展规划的区域合作建设项目前期费用给予支持。

2. “走出去”项目建设：对企业参与境外投资、境外农林渔业合作、对外承包工程、对外劳务合作、对外设计咨询、资源回运、保函手续费和新设立海外机构等发生的有关项目前期费用、营运费用、贷款贴息给予支持。

（五）支持承接国际产业梯度转移

1. 加工贸易转移补助：对加工贸易转移承接地的劳动力培训、宣传以及从区外转移到广西境内企业的前期费用给予支持。

2. 产业转移宣传推介：对经自治区商务主管部门批准或组织的境内（外）产业转移和产品推介活动发生的宣传、考察、调研、场地租用等公共费用给予支持。

（六）支持国际间经贸学术、人员交流合作等，促进外经贸能力建设

1. 学术交流合作补助：对经自治区商务主管部门批准参加的境内（外）国际学术交流活动的费用及人员费用给予支持。

2. 人员交流合作补助：对经自治区商务主管部门批准参加境内（外）商务交往活动、组织或参加境内（外）外经贸业务知识学习进修等发生的费用及人员费用给予支持。

3. 外经贸人才基地建设：对国际商贸人才小高地和人才强商基地的设备购置、外经贸人员培训等费用给予支持。

（七）支持外经贸信息服务体系建设，搭建贸易促进信息平台

1. 信息平台基础建设：对商务部门公共信息服务平台建设所发生的规划、论证、咨询、监理、系统开发费、软硬件设备购置等给予支持。

2. 信息平台服务建设：对商务部门公共信息服务平台信息采集、整理、加工、调研、培训、宣传推广、平台运行维护等给予支持。

（八）支持外经贸领域重大课题的研究与论证

课题研究：对商务部门公开招标的重大商务研究课题或自治区政府要求商务部门承办的课题的资料费、差旅费、印刷费、评审费等给予支持。

（九）支持贸易便利化环境建设

贸易便利化建设：对加强外经贸软环境建设，商务、财政等主管部门为完善各项政策措施组织学习调研、编印各种服务指南等发生的费用给予支持。

（十）其他有利于促进本地区外经贸发展的事项

企业项目资金支持比例原则上不超过支持项目实际投入金额的 70%；项目资金实行最高限额，单个项目资金最高支持金额原则上不得超过 500 万元

（特殊情况除外）；项目单位使用该项资金连续5年累计支持的资金原则上不得超过1000万元。单个项目金额低于1万元的不予支持。

非企业项目资金支持标准以批准的项目计划金额为准，支持资金不超过核准数。

三、申报条件

（一）企业单位应具备的条件

1. 具有企业法人资格，依法备案登记的对外贸易经营者或具有对外经济合作经营资格，上年度或本年度开展进出口业务的。

2. 具有健全的财务机构及财务管理制度，按照法律和财政部门的规定报送财会信息等有关资料。

3. 近3年在外经贸业务管理、财务管理、税收管理、外汇管理、海关管理等方面无违法行为。

4. 有从事项目工作的专业人员，有明确的项目工作安排、项目计划和项目费用明细预算。

（二）非企业的单位应具备的条件

1. 直接为国际经贸服务或承担国际经贸工作任务的商务、财政主管部门，教学、科研、社会团体。

2. 申请支持的项目直接有益于促进国际经贸工作的发展。

3. 有专门承担项目的工作人员，有明确的项目工作安排、项目计划和项目费用明细预算。

四、申报材料

申请单位应在规定期限内提交如下申报材料：

1. 项目单位基本情况表。

2. 资金项目申报表。

3. 各项目要求提供的相关材料。以上材料的复印件需盖公章，有财务票据的需盖财务章。

五、申报程序

1. 企业按属地原则向商务主管部门申报。

2. 省级商务主管部门对申报的项目进行汇总，并根据项目申报情况，组织专家“评委会”进行项目评审；对评审通过的项目，根据年度资金情况和“评委会”评审意见，确定当年支持项目计划。

3. 财政部门对已实施并完成的企业项目和非企业项目，在下达项目计划后将支持资金全额拨付到各项目单位（须验收项日除外）。

六、说明事项

1. 上述支持标准和具体规定为《广西外经贸区域协调发展促进资金管理暂行办法实施细则》（桂财企［2009］134 号）和《外经贸区域协调发展促进资金申报指南》确定的内容，仅供参考。企业可依据各地《外经贸区域协调发展促进资金理暂行办法实施细则》进行申请。

2. 中、西部地区和东北指党中央、国务院有关文件确定的享受中、西部有关政策和东北地区等老工业基地政策的地区。包括黑龙江、吉林、辽宁、山西、安徽、江西、河南、湖北、湖南、内蒙古、广西、海南、四川、重庆、贵州、云南、西藏、陕西、新疆、青海、宁夏、甘肃。

品牌发展专项资金

一、政策依据

《关于做好品牌发展资金管理工作的通知》（商财发［2006］4号）。

各省、自治区、直辖市依据上述通知精神自行制定的《品牌发展资金管理办法》。

二、支持内容和标准

（一）企业项目：支持企业开展自主品牌建设

1. 企业自主品牌的建设和推广。

【支持内容】 境外商标、专利注册，自主品牌产品设计、研发，收购境内外知名品牌的转让费、公证费。

2. 名牌企业参加省级以上单位主办的境内外品牌展、参加国际知名展会。

【支持内容】 展位费、公共布展费。

3. 开拓市场进行的广告宣传、市场推广。

【支持内容】 宣传材料制作费、广告发布费。

4. 建立营销机构和售后服务体系。

【支持内容】 设立境外营销机构的初期开办费、安装维修服务网点开办费。

5. 为保护自主知识产权进行的法律诉讼、仲裁等活动。

【支持内容】 律师费。

6. 开展国际市场（国家或地区）准入要求的产品认证。

【支持内容】 产品认证检验检测费。

7. 对获得商务部认定的出口名牌的企业进行奖励。

8. 对获得商务部“中国畅销品牌”的企业进行奖励。

9. 企业进行自主品牌创建的其他活动。

上述企业项目扶持比例不超过50%，单个使用方向支持上限20万元，一户企业支持总额不超过40万元。

（二）公共项目：政府有关部门开展的品牌建设活动

1. 组织品牌企业在国内外市场集中展示、宣传自主品牌。

【支持内容】 场租费、公共布展费、境内外广告发布费用等公共费用。

2. 在境内外统一宣传和推广江苏品牌整体形象。

【支持内容】 宣传材料制作费用、策划费用、境内外媒体发布费用、广告费用。

3. 为推进自主品牌建设、借鉴国内外品牌发展经验而开展的交流、培训、考察、研讨活动。

【支持内容】 课题费、会务费、差旅费、专家费。

4. 其他有利于推动自主品牌建设的公共服务。

公共项目单个项目支持总额不超过50万元。

三、申报条件

（一）企业项目申请使用的条件和范围

1. 具有独立法人资格的内资或内资控股企业。

2. 企业产品或服务品牌为企业自主品牌并依法注册。

3. 具有健全的财务管理制度，财务状况良好。

4. 依法经营、纳税，无不良记录。

5. 企业品牌注册3年以上，品牌产品销售收入连续3年有一定幅度增长。

6. 农业、商贸等内贸企业年度主营业务收入在1亿元以上，其他内贸企业年度主营业务收入在5亿元以上。

7. 出口企业上年度海关出口额500万美元以上。

（二）公共项目申请使用的条件和范围

各级商务主管部门（含经贸、外经贸主管部门）。

四、申报材料

（一）申请企业项目应提供的材料

1. 品牌发展专项资金申请表。
2. 企业营业执照复印件。
3. 自主品牌相关证书复印件。
4. 相关活动证明材料（包括费用）。
5. 由中介机构出具的企业上年度财务审计报告。
6. 其他需提供的相关材料。

（二）申请公共项目应提供的材料

1. 品牌发展专项资金申请表。
2. 品牌活动计划书或委托书。
3. 相关活动证明材料（包括费用）。
4. 其他需提供的相关材料。

五、申报程序

1. 商务部和财政部根据各地的社会消费品零售总额、出口额和自主品牌建设情况安排资金计划。各地根据文件要求，制定本地区资金具体管理办法，报商务部、财政部备案。

2. 符合品牌发展专项资金使用方向的单位，以书面形式向所在地财政、商务主管部门提出申请，由省辖市财政、商务主管部门审核汇总后，一式三份报省财政厅、省经贸委和省外经贸厅。

3. 项目上报后由省财政厅会同省经贸委、省外经贸厅及有关专家进行评审；确定支持项目。

六、说明事项

上述支持标准和具体规定为《江苏省品牌发展专项资金管理暂行办法》（苏财企［2006］114 号）确定的内容，供参考。企业可依据各地《品牌发展资金管理办法》进行申请。

中小外贸企业融资担保资金

一、政策依据

《中小外贸企业融资担保专项资金管理暂行办法》（财企［2009］160号）。

二、支持内容和标准

1. 担保机构为中小外贸企业提供融资担保服务，对担保机构开展的中小外贸企业融资担保业务，按照不超过担保额的2%给予资助。

2. 担保机构提供低费率担保服务，在不提高其他费用标准的前提下，对担保费率低于银行同期贷款基准利率50%的中小外贸企业融资担保业务给予奖励，奖励比例不超过银行同期贷款基准利率的50%与实际担保费率之差。

3. 支持信用担保欠发达地区地方政府出资设立担保机构，开展中小外贸企业融资担保业务，可按照不超过地方政府出资额的30%给予资助。用于注资支持设立担保机构的资助额最高不超过中央下达当地专项资金的30%。

三、申报条件

申请专项资金的担保机构，必须同时具备以下资格条件：

1. 依法设立，具有独立法人资格。

2. 财务管理制度健全，按规定提取、管理和使用各项准备金。

3. 会计信用、纳税信用和银行信用良好。

四、申报材料

根据各省级财政和商务主管部门研究制定的资金使用方案和具体操作办法要求提交材料。

1. 法人营业执照副本及章程（复印件）。

2. 验资报告（复印件）。

3. 经会计师事务所审计的近两年审计报告（复印件），以及申报前一个月的资产负债表和损益表。

4. 近两年纳税汇总表及纳税凭证复印件。

5. 融资担保的中小外贸企业名单及担保额度。

6. 担保费率低于银行同期贷款基准利率50%的相关凭证。

7. 地方政府为担保机构出资额的相关凭证。

8. 其他需提供的资料。

五、申报程序

1. 财政部会同商务部按照因素法，综合考虑各地区外贸出口、中小外贸企业数量、担保业务开展等情况，将专项资金分配给各省、自治区、直辖市、计划单列市及新疆生产建设兵团财政部门，一次性下达资金预算指标并拨付资金。

2. 各省级财政和商务主管部门根据财政部下达的预算资金及有关工作要求，研究制定符合本地实际的资金使用方案和具体操作办法，并在本办法下发后1个月内报财政部和商务部备案。

3. 省级商务主管部门会同省级财政部门按照属地原则按季组织专项资金的项目申报和审核，提出资金使用计划。

省级财政部门负责专项资金预算安排，审定省级商务主管部门提出的资金使用计划，按季办理专项资金划拨手续，在每季度结束后1个月内拨付到担保机构。拨款文件同时抄报财政部和商务部。

六、说明事项

1. 中小外贸企业是指上年度或本年度有出口实绩的中小企业。

2. 担保机构收到支持方式 1 和支持方式 2 的专项资金用于弥补代偿损失；担保机构收到支持方式 3 的专项资金作为国家资本金投入担保机构。

中国政府对外优惠贷款

一、政策依据

《外经贸部、财政部、中国人民银行、中国进出口银行关于颁布〈关于对外提供优惠贷款援助的规定〉的通知》(外经贸援发［2001］第122号)。

二、支持内容和标准

(一) 贷款用途

1. 在借款国建设有经济效益或社会效益的生产性项目、基础设施项目及社会福利项目。

2. 借款国采购中国的机电产品、成套设备、技术服务以及其他物资。

(二) 贷款对象

借款人一般为借款国政府财政部，特殊情况下可以为受援国政府指定并经中国进出口银行认可的、财政部提供还款担保的金融机构或其他机构。

(三) 贷款条件

1. 申贷金额原则上不低于2000万元人民币。

2. 利率和期限：执行政府间优惠贷款框架协议规定。贷款期分为宽限期(含提款期)和还款期。宽限期内，借款人只支付利息，不偿还本金；进入还款期后，按贷款协议规定还本付息。

3. 利息：每半年计息一次。自首次提款日起每年3月21日和9月21日为固定付息日。

4. 本金偿还：进入还本期后每半年一次等额还款，每年3月21日和9月21日为还款日。

5. 费用：借款人按贷款总额在首次提款前一次性支付管理费；按贷款未提取的部分支付承诺费。

三、申报条件

（一）贷款项目应具备的条件

1. 项目得到中国政府和借款国政府的认可。

2. 借款国与中国有良好外交关系，政治经济状况相对稳定，具有偿还贷款本息的能力且偿债信誉良好。

3. 项目技术上可行，符合借款国经济发展和行业规划重点领域，有良好经济效益或社会效益。

4. 项目由中方企业负责承建，采购项目所需的设备等原则上应由中方企业负责供货。

5. 贷款项下所需设备、材料、技术或服务优先从中国采购或引进，设备采购中来自中国的部分原则上不低于50%。

6. 项目配套资金已落实。

（二）中方执行企业资质要求

1. 在我国工商行政管理部门登记注册，具有独立法人资格的大中型企业。

2. 经营管理、财务和资信状况良好。

3. 承担承包工程项目的企业具有对外承包经营权及相关专业的甲级（一级）资质，具备承包工程的经验和履约能力。

4. 承担产品出口项目的企业应具有相应产品的出口经营权，有贸易经验，经营记录良好。

四、申报材料

1. 借款国政府使用优惠贷款的意见函，即申贷函。

2. 中国驻借款国使馆经商处出具的项目意见函。

3. 经借款国政府批准的项目建议书或可行性研究报告，包括项目必要性（目的和目标）、项目内容和范围、投资概算、技术和经济可行性、社会效益等方面的信息。

4. 中外双方执行企业间的商务合同或其他契约性合作文件。

5. 借款国政治、经济和社会状况的有关资料。

6. 中外双方执行企业的简介、营业执照复印件、近三年经审计的财务报表以及中方企业国内外业绩情况报告。

7. 银行要求提供的其他有关资料。

五、申报程序

（一）申请贷款

借款国政府根据发展计划和战略向中国政府或中国进出口银行提出备选项目，并提交有关申请资料。

（二）评估

中国进出口银行对受理项目进行评估审查，并将评审结果报送中国政府主管部门。

（三）签署协议

中国和借款国政府签署政府间优惠贷款框架协议，规定贷款用途、金额、贷款期限和利率等。

中国进出口银行与借款人签署项目贷款协议，贷款条件与框架协议一致。

（四）项目实施和放款

项目实施是借款人和中外双方执行机构的义务，在实施中未经中国进出口银行同意不能擅自改变项目内容。

借款人按贷款协议规定向中国进出口银行提交有关单据，申请提款。银行审核同意后将贷款拨付至中方执行机构账户。

为保证资金有效使用，中国进出口银行按照项目进度发放贷款，并监督项目实施。

借款人应向中国进出口银行报告项目进展、资金使用情况，并为实地检查提供协助。

项目完工，借款人提交完工报告。

（五）贷款偿还

借款人根据贷款协议规定偿还本金和支付利息。

优惠贷款业务流程图见附件。

六、说明事项

1. 中国政府对外优惠贷款（以下简称优惠贷款）是指中国政府指定中国进出口银行向发展中国家政府提供的具有援助性质的中长期低息贷款。

2. 政府归口管理部门为商务部会同外交部、财政部，负责制订政策和计划，签署优惠贷款框架协议；中国进出口银行负责贷款协议的签订、项目评估审查、放款、贷款管理、本息回收等。

附件

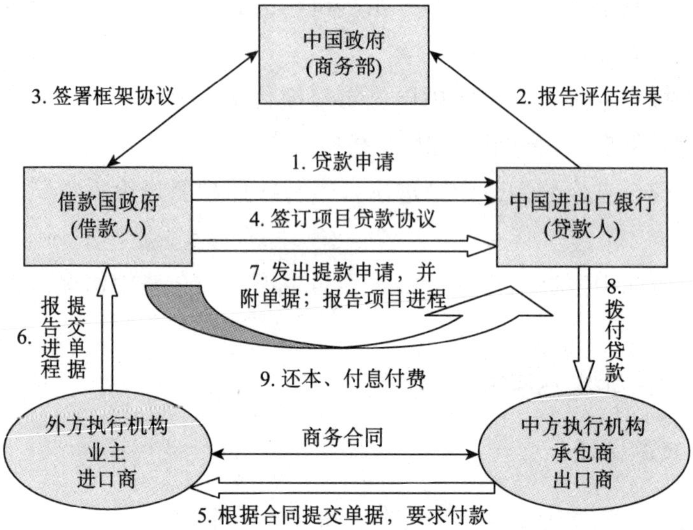

优惠贷款业务流程图

中非发展基金

一、政策依据

2006 年 11 月 4 日，胡锦涛主席在中非论坛北京峰会上宣布设立中非发展基金，基金总额逐步达到50 亿美元。2007 年 3 月 14 日，中非发展基金正式成立，首期 10 亿美元，由国家开发银行出资承办。

二、支持内容和标准

1. 中非基金主要投资于非洲国家和地区内的投资项目，并根据项目投资机会确定投资额度，不按国别分配。

2. 中非基金致力于投资改善非洲民生、促进非洲地区经济发展的行业领域，重点支持下述行业：

（1）对非洲国家恢复、发展经济具有重要作用，能够帮助其提高自身“造血”机能的农业、制造业等。

（2）基础设施和基础产业，如电力及其他能源设施、交通、电信和城市给排水等。

（3）资源领域合作，包括油气和固体矿产等资源合作。

（4）中国企业在非洲开办的工业园区等。

3. 中非基金根据投资企业和项目的不同特点和情况，灵活采取多种投资方式或组合投资方式。可以股权及准股权方式投资，也可作为“基金的基金”对其他投资于非洲的基金进行投资。

三、申报条件

（一）申请中非基金的合作伙伴要具备的条件

1. 合作伙伴要能够与中非基金实现优势互补，具有行业优势、非洲投资经验与人脉资源，具有较强的管理能力和团队优势，还应具有对中非基金投资与资本市场的理解和认同。

2. 产业投资平台的合作伙伴必须是有实力的行业龙头企业，有长期和清晰的非洲发展战略，有规范的治理结构和优秀的管理团队。

（二）申请中非基金的项目要具备的条件

1. 投资项目要符合国家对非洲外交和经济政策，满足国家鼓励和规范企业对外投资合作的政策要求；符合投资所在国相关法律、法规和政策。

2. 投资项目市场前景良好，有快速、稳定增长的潜力，能够产生良好的现金流。

3. 投资项目能够促进当地经济发展和有利于改善民生。

四、申报材料

1. 项目申请书（格式见附件）。
2. 申请人证照文件及财务报告。
3. 项目可行性研究报告或商业计划书。
4. 项目所在地投资许可及相关文件。
5. 与项目相关的重要合同及法律文件。
6. 基金要求的其他有关材料。

五、申报程序

（一）项目申请

1. 有意申请中非基金投资的被投资企业或其股东向中非基金提交“中非发展基金项目申请书”（见附件）。

2. 根据申请人提交的申请，中非基金投资团队对申请投资项目进行初步调查、了解和筛选，综合各方面信息后，确定可能进入尽职调查程序的投资机会。

（二）项目立项

经筛选后得到中非基金内部投资决策机构批准立项的项目，中非基金组成项目投资团队开展工作，进入尽职调查。

（三）项目尽职调查

尽职调查主要包括国别调查、行业调查、项目调查、财务调查与法律调查。根据需要，中非基金可聘请专业律师事务所及会计师事务所等机构参与法律和财务的尽职调查。

（四）商务谈判

尽职调查后，投资团队与合作伙伴就投资要点进行商务谈判，达成基于“投资条件”的约定。此约定主要包括预计投资金额、投资形式、投资退出约定以及交易结构和治理结构的主要条款和条件。

（五）投资的批准

投资团队准备投资建议书并提交中非基金投资决策机构。中非基金投资决策机构审查该投资建议书，作出是否同意投资的决定，得到批准的投资将同时确定投资的主要条款和条件。

（六）签署投资法律文件

合作方协商起草相关投资文件，明确双方达成的投资条款以及双方的权利和义务，协商一致后，中非基金与被投资企业正式签署投资文件。

（七）中非基金向被投资企业拨付资金

按投资文件约定，中非基金向被投资企业拨付资金。

六、说明事项

1. 中非基金原则上不要求对所投资项目的控股权，一般不干预投资项目的日常管理，但中非基金通过向投资项目派出董事、监事及财务管理人员等方式对投资项目的重大事项施加影响，根据所投资企业公司章程行使股东权利。

2. 合同期满，中非基金将按投资文件约定的方式退出。

附件

中非发展基金项目申请书

项目名称:
项目投资人:
项目主营业务:
项目总投资额:
申请基金投资额:

一、中资企业（项目投资人）概况

（一）基本情况

企业名称、设立时间、注册与经营地点、企业性质，企业历史变革及背景情况、注册资本、主要股东出资额、比例等；企业在非洲投资及经营活动情况；核心管理团队基本情况。

（二）市场与核心竞争力分析

主营业务（产品或服务），同行业排名、市场份额、主要客户分布等。

企业核心竞争力分析，包括技术、制造能力、对稀缺资源的控制、品牌、市场营销、人力资源等。

（三）经营和财务状况

近三年来销售额及增长率、利润、利润率、资产负债状况，是否存在对外投资、或有负债等。

（四）中资企业联系方式

联系人姓名、地址、电话、传真、电子邮箱等。

二、投资非洲项目（企业）情况

（一）投资非洲项目（企业）概况

项目（企业）主营业务及投资的意义，项目（企业）名称、设立时间、注册与经营地点、企业性质等情况，注册资本、主要股东出资额、比例及背景情况等；项目（企业）建设期限；发展战略等。

（二）前期工作情况

项目前期的有关商业计划、可研及其他准备情况。项目对非洲当地的社会、法律、自然环境等适应性分析。

（三）管理团队情况

核心管理团队人员姓名、性别、出生日期、国籍、学历、从业经历等基本情况。

（四）市场与企业核心竞争力分析

主营业务（产品或服务）分析，在投资所在国国内及国际市场上同行业中所处地位、排名、市场份额、主要客户分布、市场进入壁垒等情况。

新建项目分析预期、计划及相关情况。

企业核心竞争力分析，包括技术、制造能力、对稀缺资源的控制、品牌、市场营销、人力资源等。

（五）经营和财务状况

投资已有企业的，提供近三年来销售额及增长率、利润、利润率，资产负债情况，是否存在对外投资、或有负债等，同时，预测未来经营和财务状况。

投资新建项目的，预测未来经营和财务状况。

（六）筹集资金的用途及使用计划

筹集资金的总额及来源，资金用途，希望中非基金的投资期限，与项目配套的其他融资形式及资金投入计划等。

（七）基金投资退出方式及相关法律问题

基金投资退出方式及影响因素，如产权、税收、企业制度等问题。

（八）投资非洲项目（企业）联系方式

联系人姓名、地址、电话、传真、电子邮箱等。